ブッダなら、僕らの悩みにどう答えるか

旬報社

一切は燃えている
煩悩の炎によって

怨むな

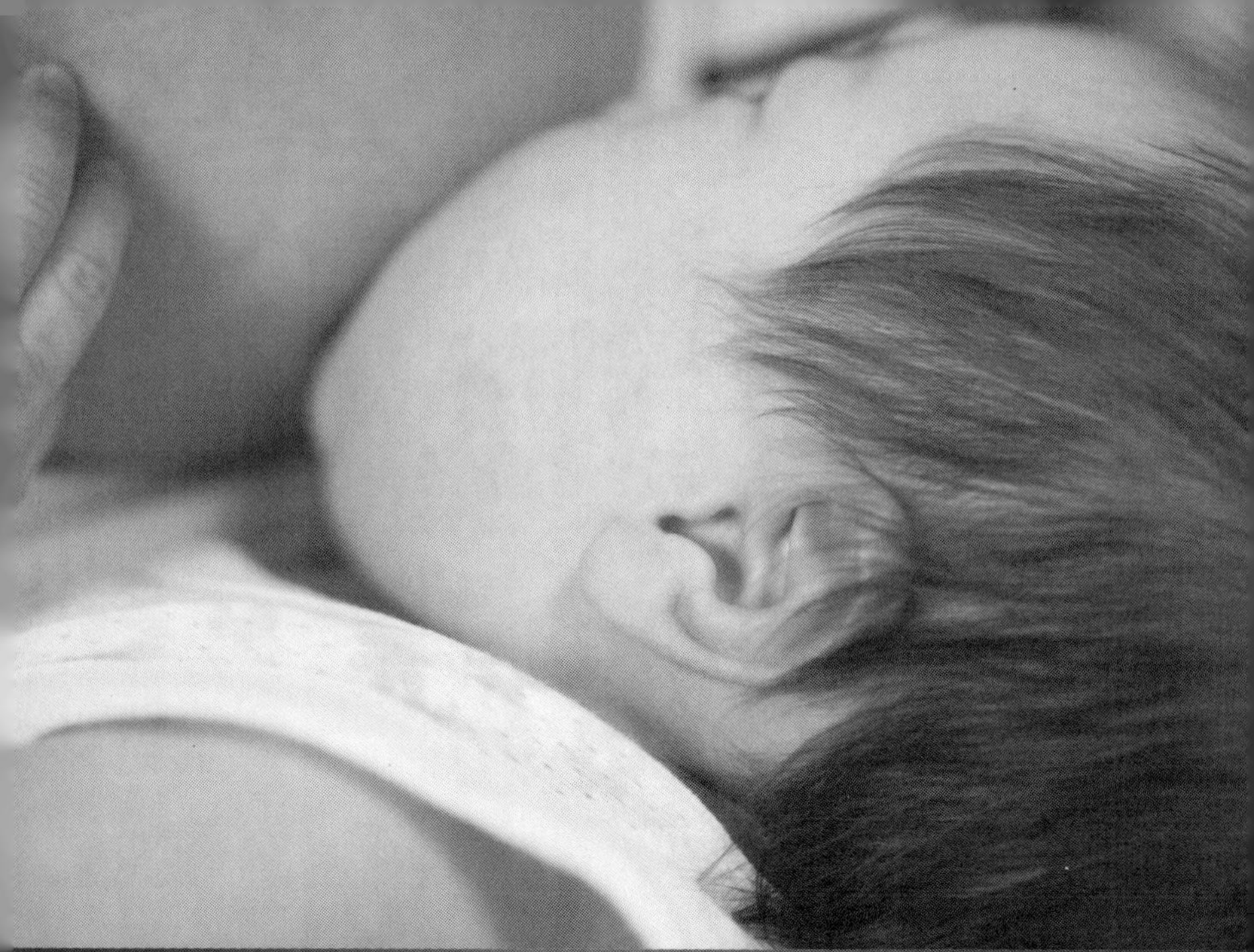

愛は執着である

求めるところは少なくあれ

他人を見るな

すべては流れゆく
すべては滅びゆく

正しく生きよ

人が苦しみだというものを、
聖者は安楽だという

言葉はすべて天に吐かれる

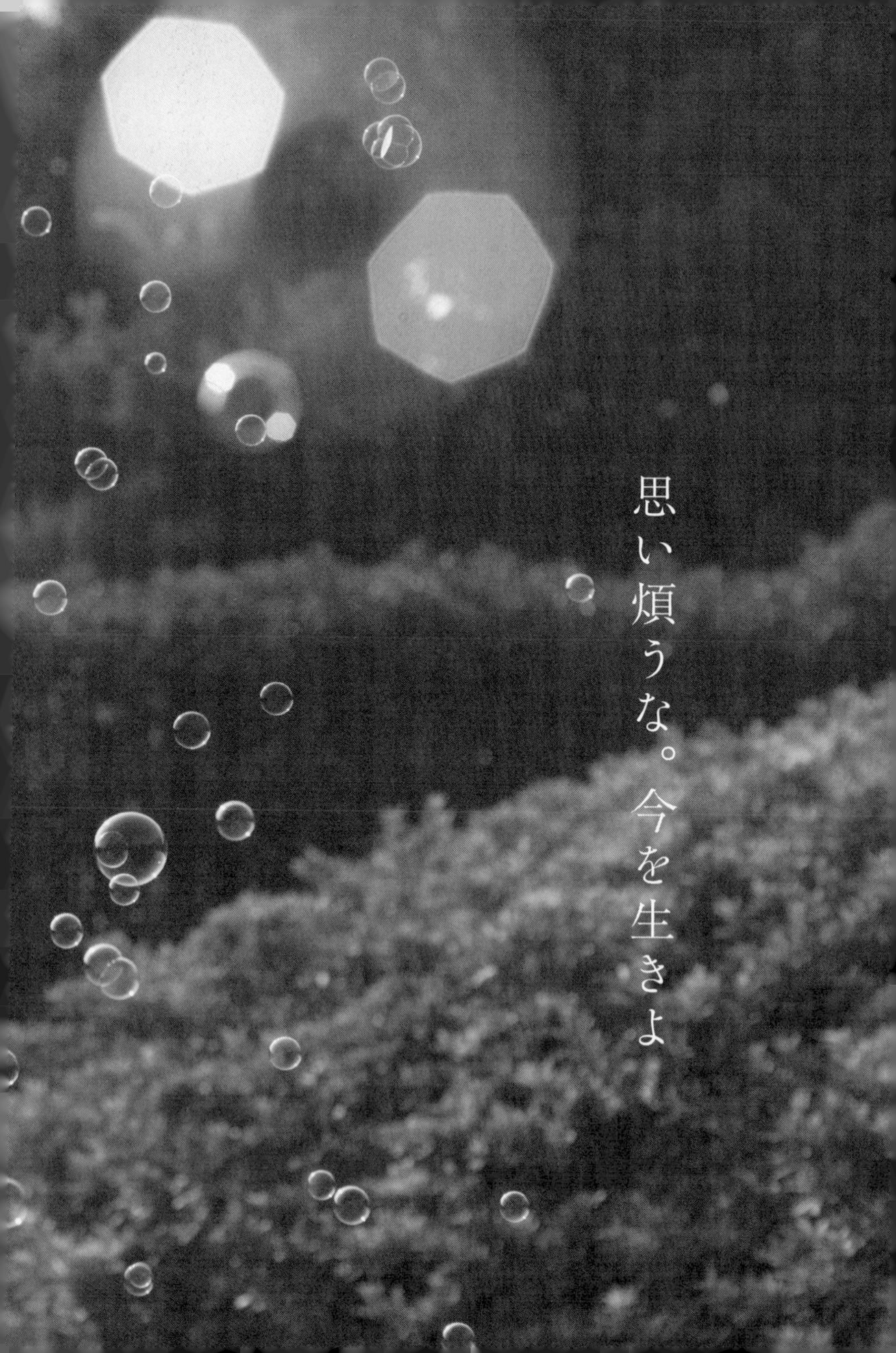
思い煩うな。今を生きよ

あらゆる人間が、
生きとし生けるものが
尊いのだ

ブッダなら、僕らの悩みにどう答えるか　目次

第一章　その人生――彼はなぜすべてを捨てたのか？

第二章　その教え――ブッダを知る8つのkey word

第三章

人生問答——悩みをときほぐす智慧と言葉

［生きる］

［人と人］

［世間］

まえがき

ブッダ（釈迦）は今から約二五〇〇年前にインドで生まれ、三五歳のときに菩提樹の下で坐禅を組んで深い瞑想に入り、数日後に偉大な悟りを開いた。その悟りの内容とはさまざまな苦難に苦しみ迷う人々を救う道だった。

悟りというと非常に難しいことのように感じられる。現にブッダ自身が悟りの内容は深遠で凡人にはとうてい理解し難いものであるといっている。しかし、ブッダの肉声に近いとされる古い経典の内容は必ずしも難解なものばかりではない。

たとえば『法句経《ほっくぎょう》』という初期の経典には「怨《うら》みは怨みによってはやまず」という有名な言葉がある。怨まれた人が相手を怨み返すことによって、怨みは相乗効果をもって増幅していく。冷静になって考えれば、だれもが気付くことに違いない。

しかし、それが分かっていても、感情のおもむくままに怨まれたから怨み返すというのが人間の性《さが》だ。そして、過去に戦争を繰り返し、今も世界各地で戦闘や紛争が絶えないのは、人間の性のなせるワザだということができる。ブッダは性善説に立ち、人間は正しい道を歩めば善なるものになるが、その性ゆえにしばしば道を誤ると説いた。

ブッダは偉大な宗教者であると同時に、極めて優秀なカウンセラーであったともいえる。人が悩み苦しんだとき、ブッダに相談すれば的確な答えを出し、教え導いた。その教えはブッダ亡き後にお経にまとめられている。だから、お経の中にはあらゆる悩みに対する答えが満載されているのである。そして、その教えは現代にも十分通用するものだ。

小著は現代人が遭遇するさまざまな悩みに「ブッダならこう答えるだろう」という切り口で稿を進めた。人生に悩みはつきもの。悩みのない人生はないといってもいいだろう。小著が読者の方々に少しでも役立っていただければ幸いである。

二〇一四年盛夏

瓜生　中

第一章

その人生——
彼はなぜすべてを
捨てたのか？

LIFE OF BUDDHA

◉目覚めた人が「ブッダ」

ブッダとはサンスクリット語というインドの古い言葉で、その発音を漢字で写して「仏陀」と書き、「目覚めた人」という意味である。つまり、世の中のすべての真理(真実)を知った人のことだ。

また、真理のことを仏教では「真如《しんにょ》」という。真如の世界に行って、それをわれわれに教えるために還ってきた。つまり、真如の世界からやって来た人という意味で「如《にょ》来《らい》」と呼ぶ。釈迦《しゃか》如来、阿弥陀《あみだ》如来などというときの如来である。

では、世の中のすべての真理とはいったい何だろうか。

遠い過去から永遠の未来にわたって絶対に変わることのない普遍の真理。そう言われても分かりにくいが、たとえば一＋一＝二がそうだといえる。地球ができて人類が誕生するはるか前から、そして、やがて人類が滅亡して地球や太陽がなくなっても一＋一＝二。決して三や四にはならない。

太陽が東から昇って西に沈むのも普遍の真理のように思える。しかし、それは正確には絶対の真理ではない。数十億年前に地球という星ができて、それ以前からあった太陽を中心にまわりはじめた。そのときから太陽は東から昇って西に沈むようになった。

しかし、やがて地球は消滅する。地球の寿命はあと四〇億年といわれている。気の遠くなるような話だが、地球がなくなれば太陽が東から昇って西に沈むこともなくなる。だからこれは期限付きの真理と言うことができる。

真理というと分かりにくいが、ブッダはたとえて言えば目的地に通じるすべての正しい道を知ったといえる。

たとえば、はじめての場所に行くとき、前もって地図を見たり、ネットで検索したりしてもなかなか目的地にすんなり着かなかったという経験をしたことはないだろうか。われわれ凡人は数限りなくある道(真理)のごくごくわずかしか知らない。だから、迷ったり、悩んだり、思いもかけない苦しみや悲しみに出会うことになる。

しかし、ブッダは目的地までの道を正確に知っているから、いつも余裕で進むことができる。そして、何よりも大事なことはその道順をわれわれに教えてくれることだ。これがブッダの最も重要な役割である。

◉最初のブッダはだれ?

目覚めた人はみなブッダだが、最初にブッダとなったのは、今から約二五〇〇年前にインドで生まれた釈迦である。

幼名はゴータマ・シッダールタ。

ゴータマの「ゴー」は「牛」、「タマ」は「最上の、優れた」という意味だ。インドでは牛が神の使いとして神聖視されるが、その中でも最上の牛という意味である。

そしてシッダールタの「シッダ」は「成し遂げた、達成した」、「アルタ」は「目的」。つまり、ゴータマ・シッダールタとは「悟りという目的を達成した最も神聖な牛」という意味なのだ。

いかにもできすぎた名前だが、もちろん釈迦が幼少時代、はじめからそのような名で呼ばれていたのではないだろう。後世、仏教が広まってから付けられた名で、じつは釈迦の本名については分かっていない。

また、釈迦とは「釈迦牟尼世尊《しやかむにせそん》」の略である。われわれは釈迦といっているが、これは呼び捨て。僧侶など仏教の信仰を持つ人たちは釈迦牟尼世尊のはじめと終わりの一字をとって釈尊《しやくそん》、あるいは最後の二文字をとって世尊《せそん》と尊称で呼んでいる。

◉私はこの世で最も尊い存在!?

生まれたばかりの釈迦は七歩あるき、右手で天を指し、左手で地を指して「天上天《てんじょうてん》下《げ》唯我《ゆいが》独尊《どくそん》」と言ったと伝えられている。つまり、天上界（神々の世界）でも天下（地上の人間の世界）でも、自分だけがひとり尊い存在だ、という意味である。

まさか生れたばかりの赤ん坊がいきなり歩いて、そんなことを言うはずはない。もちろんこれは伝説だ。しかし、この言葉にはとても深い意味が込められている。この言葉は釈迦に限らず、すべての人間の本性が尊いことを説いているのだ。つまり、人間存在の尊厳を高らかに宣言したのである。そして、この言葉は人間、ひいては生きとし生けるものの命の尊さもうたっている。

天上天下唯我独尊の逸話はだいぶ時代が下ってからつくられたものだが、釈迦は何よりも人間の尊厳というものを重く見た。一人ひとりの人間が正しい道を歩み、その尊厳が輝くように教えを説いたのである。だから後世の仏教徒は釈迦の思いをこの言葉に託したのだ。

この話をもとに誕生仏《たんじょうぶつ》という小型の仏像がつくられ、日本では四月八日の釈迦の誕生日に誕生仏に甘茶をかけて祝う「降誕会《ごうたんえ》」という行事が今も行われている。

降誕会は、単に釈迦という偉人の誕生日ではなく、人間の尊厳、ひいては生きとし生けるものの命の大切さを年に一度再確認する日ということができるだろう。

◉何不自由ない日々への疑問

インドの王国の王子として生まれた釈迦は子どものころから何不自由のない生活をしていた。しかし、生まれつき頭が良く、物事をじっくり考える能力を身につけていた釈迦は、成長するにしたがって日々の生活や人生に対して大きな疑問を持つようになる。

王子時代の釈迦は、豪華な宮殿に住み、最高級の服を着て、いつでも最高に美味しいものを食べていた。まわりにはいつも若くて美しい女性がかしづいていたらしい。

しかし、釈迦は考えた。こんな暮らしはいつまでも続けられるわけではない。やがては自分も年老いて食べ物も満足に食べられなくなり、着る物や若い女性にも興味がなくなる。そして、最後にはひとりで死んでいく。そうなったら今の豪勢な暮らし、さらには地位や財産など何の価値もなくなる。年とともにこうした釈迦の思いはますます強くなっていった。

釈迦は一六歳ぐらいで結婚したらしい。ハッキリしたことは分からないが、当時のインドの慣習で、王族はそのくらいの年で結婚したと考えられている。

そして、ラーフラという男の子が生まれた。ラーフラとは「迷い」という意味で、子どもの誕生は出家の決意を迷わせる。子どもが生まれたときに釈迦は「ラーフラ」と呟いたという。

もちろん、これは後世のつくり話だが、実際に釈迦はそう感じたのかもしれない。

ラーフラが一〇歳を過ぎて、これで跡取りもできたと判断した釈迦はついに出家を敢行した。このとき釈迦は二九歳だった。お付きの者たちが寝静まった真夜中、パンタカという愛馬に乗り、王子の地位や財産、親族・友人などすべてを捨てて王宮を飛び出したのだ。

◉真の幸福を求め、苦行の道へ

王宮を出てしばらく夜道を行くと、ひとりの年老いた修行者に出会った。釈迦は修行者に衣服を交換してくれないかと持ちかけると、修行者はすぐにこれに応じた。釈迦は王子の立派な衣装を脱ぎ捨て、修行者の粗末な衣服をまとい、裸足で修行の旅をはじめる。

釈迦は最初、何人かの賢者を訪ね、どうしたら人間は真の幸福をつかむことができるのか尋ねた。

しかし、賢者たちの答えはどれも満足のいくものではなかった。そこで釈迦は賢者に教えを受けても無駄だと考え、今度は苦行《くぎょう》によってその答えを見つけようと考えた。

インドでは今も苦行を続けている行者がたくさんいる。何日間も断食したり、茨の上に長時間横たわったり、一生涯、座らずに立ったまま過ごしている人、日中は太陽を見続けている人もいる。太古の昔から、苦行は道を求める者の修行として最も重要視されてきたのだ。

釈迦の時代にも苦行者はたくさんいた。釈迦はその中でも五人の精鋭の苦行場を訪ね、さっそく苦行に打ち込む。すさまじい苦行を行った釈迦は、長期間の断食の結果、痩せ衰えて骨と皮だけになり、血管がことごとく浮き出た。そして、髪と歯がすべて抜け落ちたという。

そんな壮絶な姿を周囲で見ていた人々は、何度も釈迦が死んだと思ったという。

◉苦行を捨て、悟りを開く

厳しい苦行生活は六年間におよんだ。

しかし、それでも求める答えは得られなかった。釈迦は苦行も道を達成するには何の役にも立たないことを悟った。すると釈迦は苦行に見切りをつけ、あっさりとやめてしまう。

五人の苦行者と袂《たもと》を分かった釈迦は苦行場を出て、近くのナイランジャー川という川で沐浴《もくよく》し、身体を清めた。それを見ていたスジャータという村の娘がミルク粥《がゆ》をつくってくれた。釈迦の体力は徐々に回復していった。

数日後、今度は川の近くの菩提樹《ぼだいじゅ》の下に行き、そこで瞑想に入った。つまり、坐禅を組んだのだ。

瞑想はしだいに深まり、三日後の明け方近く、ついに偉大な悟りを開く。彼はすべての人が進むべき正しい道を発見したのだ。このとき、釈迦は三五歳だったという。

これは一二月八日のことだったと伝えられ、今も毎年この日には日本のお寺でも成道《じょうどう》(悟りを開くこと)を祝って、成道会《じょうどうえ》という行事が行われている。

◉最初の説法

悟りを開いた釈迦はしばらくの間、その喜びにひたっていたという。しかし、時間が経つに連れ、次のような思いが釈迦の心に湧きあがってきた。

――自分はすべての人が進むべき道を知り得た。すべての人が幸せに生きることができる方法が分かった。

しかし、それはあまりにも深遠な思想で、言葉では言いあらわすことができないだろう。また、たとえ誰かに伝えたとしても理解されないだろうし、誤解される可能性も高い。それならばいっそのこと誰にも告げずにおこう。自分だけが悟りの境地に浸っていよう。

釈迦の心はしだいにそうした考えに傾いていった。しかし、その一方でこんな思いにもとらわれていた。

――世間の多くの人々は道を知らず迷いに迷っている。私はその迷いから脱出する方法を見つけた。これを教えないのは人道に反するではないか。

釈迦の心は大いに揺れた。そして、考えに考え抜いた結果、やっぱり人々に正しい道を教えようと決意した。

つまり、すべての人々を救おうという強い意志を持ったのだ。これが仏教が成立し、広まる第一歩となった。

しかし、この難解な教えを誰に伝えたらよいのか。誰にでも理解できるわけではない教えを誰彼かまわず説いたならば、理解されず、誤解を生んで混乱をきたす。最初に伝えた人が誤解したまま他の人に伝えたならば、せっかくの正しい教えも曲げられてしまう。だから、最初は教えを十分に理解できる能力を備えた人物に伝えなければならない。

思い当たったのが少し前まで一緒に苦行をしていた五人の苦行者だった。非常に優秀な彼らなら、教えを理解できるかもしれない。

思い立ったが早いか、釈迦は五人が苦行を続ける林に向かった。遠くから近づいて来る釈迦の姿を見た五人は、「あの男とは絶対に話さないようにしよう。近づいてきても無視しよう」と口裏を合わせた。苦行をあっさりと捨て、沐浴してこざっぱりした姿で村娘にミルク粥を食べさせてもらって喜んでいる釈迦を目撃した五人は、釈迦が堕落したと考えたのだった。

しかし、釈迦がだんだん近づいて来ると、彼が前とは明らかに異なる存在になったことを認めざるを得なかった。彼らの目の前には身体が燦然《さんぜん》と輝き、神々しい姿の釈迦がいたのである。

もはや五人は釈迦を無視することができず、一斉に視線を向けて「おお！　ゴータマよ！」と口をそろえて感嘆の声をあげた。

すると、釈迦は「私のことをそのように呼んではいけない」と五人の言葉を即座にさえぎった。あっけにとられている彼らに「これからは私のことはブッダと呼びなさい」と続けた。

これを聞いた五人はついに釈迦が偉大な悟りを開いたことをすぐさま理解し、居住まいを正して釈迦に合掌した。そして釈迦の最初の説法がはじまった。

釈迦が白羽の矢を立てただけあって優秀な五人はすぐに釈迦の教えを理解した。そして、最初の弟子となったのである。

●多くの信者を得る

釈迦が五人の苦行者に教えを説いたことで、仏教は人々を救う宗教として産声を上げた。

釈迦は八〇歳で亡くなるまでの四五年の間、インド各地を巡って数々の説法をした。

説法を聞いた人たちは大いに感動し、その教えに共感して、すぐさま出家して弟子になったり、在家《ざいけ》（出家せず、ふつうの生活をしながら仏教の信仰を持つこと）の信者となった。

釈迦に何人の弟子がいたかハッキリしたことは分からない。しかし、昔から経典では一二五〇人の出家の弟子がいたとされ、おそらく千人規模の出家の弟子がいたと考えられている。そして、数千人、あるいは一万人規模の在家信者がいたのではないだろうか。釈迦が生きている間に仏教は大きな教団に成長していったのである。

◉釈迦、最後の旅

釈迦は八〇歳のとき、亡くなる三カ月ほど前に数人の弟子をともなって最後の布教の旅に出た。死期が近いことを察した釈迦は、この旅で一度は生れ故郷の土を踏もうと考えていたらしい。

途中、ある町でチュンダという貧しい鍛冶屋の青年が、ぜひとも自分の家に来てほしいと懇願した。弟子たちは体力の衰えた釈迦を気づかって、チュンダの招きを断ろうとした。

しかし、釈迦は人の招きを無下《むげ》に断ってはいけないと諭し、チュンダの家に行くことにした。チュンダは釈迦の来訪を大歓迎し、貧しいながらありったけの御馳走を用意して迎えた。

チュンダの家に入った釈迦は料理を見て、「この料理はお前たちが食べてはいけない。私だけしか食べることができない」と弟子たちにささやき、彼らを外で待たせた。釈迦はチュンダがもてなした料理を喜んで食べた。チュンダは大感激し、釈迦に厚く謝辞を述べた。

チュンダの家を後にした釈迦は、間もなく下痢と嘔吐をともなう激しい腹痛に襲われた。死期をさとった釈迦は、自分は今から三カ月後、涅槃《ねはん》に入る（死ぬ）ことを弟子たちに告げた。これを聞いて、いつも釈迦に従って身のまわりの世話をしていた弟子のアーナンダはびっくり仰天して号泣した。

そのとき、釈迦はアーナンダに向かって「誰かがもっと長生きをしてくださいと懇願すれば、如来（ブッダ）は永遠の寿命を保つことができる」と三度にわたって言った。

しかし、動転して泣きじゃくるアーナンダはその言葉を三回とも聞き逃す。そして予言通り、それから三カ月後にこの世を去ったという。

コラム

「現実を見せつけたブッダ」

ブッダは貧しい鍛冶屋チュンダの家で食べた食事が原因でこの世を去った。すでに高い境地に達していた高弟たちは平静を保ち、その死を冷静に受け止めた。しかし、まだ達観していなかったアーナンダは号泣したという。彼に対し「懇願すれば永遠の寿命が保てる」と言ったブッダの言葉は何を意図したものなのだろうか。

ブッダはアーナンダのようにいつまでも自分（ブッダ）のことを頼っている弟子への戒めとして、すべてのものは滅びゆくという現実を見せつけた。そして、永遠の命を保つのは肉体ではなく、その教えであるということを一刻も早く理解させようとしたのだ。

その後、アーナンダは高弟たちの指導によって高い境地に達し、ブッダの言葉の意味を真に理解したという。

◉最期の言葉

最期のときを迎えた釈迦は、沙羅双樹《さらそうじゅ》という木の下に寝台をしつらえ、頭を北に向け、右脇腹を下にして静かに横たわった。周囲には釈迦の死を知った弟子や信者、そして、あらゆる動物や昆虫までが集まって釈迦の死を悼んだ。

このときの光景を描いた「涅槃図《ねはんず》」と呼ばれる絵には、多くの人々や鳥獣が取り囲んで、悲しんでいる様子が描かれている。中国や日本では、釈迦が亡くなったのは旧暦の二月一五日のこととされ、この日には各地の寺院で「涅槃会《ねはんえ》」という釈迦の命日の法要が営まれる。

釈迦は最期に「諸行無常《しょぎょうむじょう》。自燈明《じとうみょう》、法燈明《ほうとうみょう》」という言葉を残してこの世を去ったと言われている。

世の中は常に移り変わり、一瞬たりともとどまることはない。だから世の中のさまざまな存在や現象にとらわれることなく、自分自身を信じて戒律を守り、修行に励みなさいという意味だ。

その後、釈迦は在家の人たちの手で荼毘《だび》（火葬）に付された。釈迦は修行者たちが自分の葬儀にかかわることを厳しく禁じた。釈迦は生きた者をいかに救うかを説いた。だから、死んだ者の葬儀にかかわっている暇があったら、少しでも修行に励み、人々を教え導いてあげなさいという考えからだった。

このとき、インド各地の国王が駆け付けていた。しかし、困った問題が起こった。国王たちは仏舎利《ぶつしゃり》(釈迦の遺骨)を自分の国に持ち帰ってまつると主張したのだ。

それぞれ大勢の兵士を伴った国王たちは、一時、武力で仏舎利を自分のものにしようとして騒然となった。これを見ていたひとりの勇気ある青年が仲裁に入り、次のように言った。

「ブッダは何よりも平和を愛されました。その遺骨を巡って争うことは、誰よりもブッダ自身が一番お嫌いになったでしょう。だから遺骨は平等に分けてそれぞれの国に持ち帰るのが最善だと思います」

この言葉を聞いて、国王たちは自分たちの行いを大いに恥じ、青年の言う通りにした。仏舎利は八つの部族の国王に公平に分けられた。それぞれの国王は国に持ち帰り、ストゥーパという仏塔《ぶっとう》を建てて丁重にまつった。そしてストゥーパには多くの信者が集まって釈迦の遺徳を偲ぶようになり、仏教が大きく広まることになった。

◉釈迦以前のブッダ

ブッダは世の中の絶対の真理を発見した。それが悟りである。絶対的真理とは、たとえばピタゴラスの定理のようなもので、悠久の過去から未来永劫にわたり、たとえ地球が消滅しても存在するものだ。だからたとえば未来にまたどこかの惑星に人類のような生物が誕生すると、彼らはその同じ真理に気づくのである。

しかし、ピタゴラスの定理は、ピタゴラス（紀元前五八二〜四九六　ほぼ釈迦と同時代の人）が発見する以前から存在する真理なのだから、もしかしたらすでに発見した人がいたかもしれない。

そこで、ブッダ（釈迦）が亡くなってしばらくすると、釈迦以前にも絶対的な真理を発見した、つまり悟りを開いてブッダとなった人物がいたと考えられるようになった。それが毘婆尸仏《びばしぶつ》、尸棄仏《しきぶつ》、毘舎浮仏《びしゃふぶつ》、拘留孫仏《くるそんぶつ》、拘那含牟尼仏《くなごんむにぶつ》、迦葉仏《かしょうぶつ》の六人で、これらのブッダに釈迦を合わせて「過去七仏《かこしちぶつ》」と呼ぶ。

過去七仏はまったく同じ絶対的真理を悟ったので、同じことを教えた。そこで七仏に共通する詩句、すなわち、「七仏通戒偈《しちぶつつうかいげ》」がつくられて流布するようになった。それが「諸悪莫作《しょあくまくさ》　衆善奉行《しゅぜんぶぎょう》　自浄其意《じじょうごい》　是諸仏教《ぜしょぶつきょう》」という短い戒めの言葉である。その意味は、「諸々《もろもろ》の悪をなす勿《なか》れ。さまざまな善行を実行せよ。自らその心を清くせよ。これが諸仏の教えである」というものだ。

ブッダは初期の経典の中で「善い行いをせよ。悪いことをするな。このことを常に実践している人は、この世でもあの世でも安楽に暮らすことができる」と繰り返し説いている。後にこのようなブッダの教えがまとめられて七仏通戒偈ができたのだろう。

かつて、中国の詩人・白居易《はっきょい》(白楽天《はくらくてん》)が道林《どうりん》という禅の名僧に仏教の真髄とは何かを尋ねたところ、七仏通戒偈の前半を示した。これを聞いた白居易は「三歳の子どもでも分かる」と言った。すると、道林は「三歳の子どもでも分かるが、八〇歳になっても実践するのは難しい」と答えた。さすがの白居易も一本取られたという。

第二章

その教え――ブッダを知る8つのkey word

EIGHT KEY WORDS

中道

KEYWORD 1

〝ほどほど〟で生きる

起点をつくってはいけない

ブッダの教えで、最も肝要な点を一言であらわすなら、それは「中道《ちゅうどう》」である。文字通り、真ん中の道のことで、両極端に偏らないことだ。言い方を変えれば起点をもうけないことでもある。

欧米人は、日本のことを極東（東の端）という。これは東洋人をさげすんだ呼称である。しかし、地球は丸いので日本から東に進むとヨーロッパの中心として君臨してきたイギリスあたりが東の端（極東）になる。起点をもうけたために西だ、東だ、中心だ、端っこだのといった認識が生まれ、それが差別を生んだり、争いの元になっている。

また、裕福な人は貧しい人をバカにする。本来、人間は平等で貧富の差などで軽重《けいちょう》は定められないことは誰でも分かっている。しかし、われわれは常に起点をもうけ、物事の価値を判断してしまう。

もちろん、生きていくために起点がなければ不都合なことも分かっている。しかし、それにこだわると世の中は生きにくく、おのずから苦しむことになる。だから、ブッダは中道を行くことをすすめたのだ。

仏教では中道についてブッダの生涯になぞらえ次のように説明している。

ブッダは王子として生まれ、幼少時代から何不自由なく過ごし、大人になると常に美女がかしづき、日々宴を催すといった快楽に満ちた生活をしてきた。

しかし、そんな生活も長くは続かないと考えたブッダは、王宮を飛び出して過酷な苦行生活に入る。たとえて言えば、東の端から対極の西の端に行ったのだ。

それでも求める道に到達する（悟りを開く）ことができなかったブッダは、苦行にも見切りをつける。その後、菩《ぼ》提樹《だいじゅ》の下で静かに坐禅を組み（瞑想して）、ついに偉大な悟りを開くことができた。

つまり、ブッダは快楽的な生活と厳しい苦行生活という両極端を捨てて、その中間をとって目的を果たしたのである。これが中道の原点であると考えられている。

永遠は存在しない

色即是空《しきそくぜくう》。空即是色《くうそくぜしき》。『般若心経《はんにゃしんぎょう》』の中の最もよく知られている一節だ。「色」とはわれわれが目にしているすべての色形のあるもののことである。

これを色恋ととらえて「恋とはしょせんは空しいものだ」などと言って得々としている人がいるが、大きな誤解だ。たしかにすべての存在や現象だから、色の中には恋も含まれる。しかし、仏教の色はもっと総体的な意味で使われている。

われわれ凡人（仏教では凡夫《ぼんぷ》という）は身のまわりにあるもの、地位、財産、家族、友人、恋人などが確実に存在し、ともすれば永遠に在り続けると思って生活している。しかし、現実には永遠に存在するものなどひとつもない。

「ダイヤモンドは永遠なり」という。たしかに鉱物としてのダイヤモンドは一〇〇年や二〇〇年ではなくなることはない。だが、非常に長い目で見れば、やがては炭素に分解されて消滅する。

世の中には数百カラットという大きなダイヤモンドがいくつもあるそうだ。現在、世界一のダイヤモンドは五四五・六七カラット、重さが一〇九・一三グラム。その価格は数十億、あるい

は数百億円に及ぶのかもしれない。そんな高価なダイヤモンドを手に入れて喜んでいても、やがては所有者も年老いて、病み、死んでいく運命にある。そうなれば、ダイヤモンドの価値などまったく消え失せてしまう。

家族、友人、恋人も同じだ。親兄弟がそろって毎日食卓を囲み、屈託のない話をする。たまには親子、兄弟でけんかもするが、とりあえずそこには平安で幸せな生活がある。

しかし、それも束の間、やがて子どもたちは独立して家を出て行き、親はだんだん年老いてくる。独立した子どもたちにも子どもができ、幸せな家族をつくっても結局は同じ経過をたどることになる。

また、親友といえども、仕事や学校の関係で距離が遠くなると、しだいに疎遠になっていく。永遠の愛を誓った恋人同士もやがては離別することもある。というより、それが世の定めなのだ。

こうやって考えるとあまりにも悲観的で、本当にすべてが空しく感じられてしまう。それこそ「恋とはしょせん空しいものだ」ということになる。

もちろんすべての存在、現象は永遠ではないといっても、われわれは家族とともに暮らし、友人もいて、恋もする。しかし、あまりに執着すると人は身動きがとれなくなり、失ったときのショックも大きくなる。だから、ある程度の距離を保つことが大切なのだとブッダは教える。日々、生活できる程度のお金があれば上出来だ。大事なのはほどほどで満足するということ。われわれにできる中道とはそんなところだろう。

何かに執着しない、つまり「起点をもうけない」という中道を心がければ、日々の生活や人生はあせらず平穏に送れるはずである。けれど、人は意外にこの点に気付かないのである。

慈悲

KEYWORD 2

母の愛と父の愛

慈しみの心を持つ

「慈悲《じひ》」は仏教の根幹をなす思想のひとつである。サンスクリット語（インドの古い言葉）でマイトリー・カルナーという。もともと「慈」と「悲」は別の概念をあらわし、一般には慈は「いつくしみ」、悲は「あわれみ」や「同情」といった意味になる。

慈（マイトリー）はサンスクリット語のミトラ（「友」「親愛なるもの」という意味）から派生した語で、「友情」「親愛なる思い」と訳される。

悲はサンスクリット語でカルナーといい、「あわれみ」「同情」の意味である。つまり、他人の痛みや苦しみを我が事のように受けとめ、他人を助けることである。

また、慈は母親の愛情、悲は父親の愛情ともいわれ、両者が合わさってはじめて他人に対して満足のいく態度がとれるようになるという。慈悲についてブッダはこう語っている。

「あたかも自分の独り子を命懸けで守るように、すべての生きとし生けるものに限りない慈しみの心を持つべきである。誰に対してもそのような慈しみの心をもって対応することを常に実践すべきである。立っているときも、歩いているときも、座っているときも、横になっているときも、寝ているとき以外はそのような慈しみの心を保て。この世ではそれを清らかな境地と呼ぶのである」

さらにブッダは、なぜ説法をするかについて「私は人々をあわれみ、同情し、あわれみの情を起こすから衆生《しゅじょう》(すべての人々)に教えを説いているのだ」と言っている。このように他人の境遇をあわれみ、それに同情する慈悲の心はブッダにとって極めて重要な概念だった。

苦しみ、痛みを分かち合う

「同病相あわれむ」という言葉は同じ病気の人が互いの苦しみや傷みを分かち合い、慰め合うことである。

病気をしたことのない人は、他人が病気で苦しんでいてもなかなかその苦しみや痛みがどんなものか分からない。ブッダは僧院で修行生活をする修行僧が病気になったときには、できるだけ病気をしたことのある修行僧が看病にあたりなさいと言ったという。

病気の経験を持つ人はその辛さが身にしみて分かる。だから、目の前で病気で苦しんでいる人の心情をさとって、事細かな看病をすることができる。

また、子どもを持ってはじめて親の苦労が分かるともいう。たしかに、子どものころは親の気持ちをまったく理解しないで不平を言い、わがままを通すことも多い。しかし、自分が人の子の親になってみると、同じように子どもが勝手放題を言う。そこではじめて親の苦労が身にしみて分かるのだ。

慈悲とは自分の物差しでものごとを判断しないことだとも言える。ブッダはよく「自分の立場に置きかえて考えなさい」と言っている。自分がその立場になったらどんな気持ちだろうか。相手の立場をよくよく慮って対処すること。これが仏教の慈悲の精神といえる。

四苦八苦

KEYWORD 3

この世は苦である

「生老病死」の衝撃

王子時代のブッダは王宮で豪勢な暮らしをして、ほとんど外の世界を知らなかった。

しかし、ブッダは成長するにしたがってしだいに人生をどう生きるべきかを悩むようになり、広く世の中を見聞しなくてはならないと思うようになる。

ある日、ブッダはお付きをともなってこっそり王宮を抜け出した。東の門から出てしばらく行くと、ひとりの老人に出会った。王子時代のブッダのまわりには若い人だけがかしづいていたので年老いた人間は見たことがなかった。

そこで従者に「あの人はどうしてあんなに皺《しわ》だらけで、足腰もおとろえ、元気がないのか?」

と尋ねた。すると従者は「あの人は老人です。人間は年をとると誰でもあんなふうに衰えるのです。王子様も今は若く、はつらつとしていらっしゃいますが、やがてはあの老人のようになるのです」と答えた。それを聞いたブッダは大きなショックを受け、人生をどう生きるべきか深く考え込んだという。

しばらくたったある日、今度は西の門から外に出た。すると、重い病に苦しむ病人に遭遇した。いつも若くて健康な人々に取り囲まれて生活していたブッダは不思議に思い、「あの人はどうしてあんなに苦しそうにしているのか？」と従者に尋ねた。

すると、従者は「あれは病人でございます。人間はいつ病におかされるかわかりません。王子様も今は健康でいらっしゃいますが、病におかされる危険は十分にお持ちなのです」と答えた。大変なショックを受けたブッダは、どう生きるべきかについてますます深く考え込んだ。

また、あるとき南の門から出てしばらく行くと、死体に遭遇した。従者に聞くと「これは死人でございます。人間には寿命があり、誰も死を避けることはできません。王子様もやがては死を迎えられるのです」と言った。

しばらくしてブッダは北の門から外に出た。そのときは生まれたばかりの赤ん坊に出会った。王宮に戻ったブッダは考えた。

人はこの世に生をうけ、年老い、病におかされ、やがては死んでいく。自分も今は若いが、いずれおとずれるこの現実から逃れることはできない。

たしかに世の中には楽しいこともたくさんある。しかし、その楽しさもすぐに過ぎ去ってしまい、人生の現実から根本的に逃れることはできない。そう思った若きブッダは何とかして現実から抜け出す道を見つけようとした。これが、ブッダが出家する大きな原因になったといわれる。

人生における八つの苦しみ

この話は「四門出遊《しもんしゆつゆう》」といい、仏教では人気のあるブッダの逸話だ。もちろん伝説だが、ブッダが出家をして悟りを求める動機になった話として重んじられている。

この中にあらわれた四つの苦しみ、すなわち生・老・病・死を「四苦《しく》」と呼ぶ。そして、四苦のほかにさらに四つの苦しみがあり、人間の苦しみは合計八つになる。これを総称して「四苦八苦《しくはっく》」という。

四苦以外の四つの苦しみ、その一つ目は「愛別離苦《あいべつりく》」だ。愛する人、あるいは物と別れなければならない苦しみ、悲しみである。

愛する家族や友人、恋人、さらには可愛がっているペットと別れるのは辛い。生別もあるが、死別は必ず訪れる。人は愛別離苦から逃れることはできない。

二つ目は「怨憎会苦《おんぞうえく》」だ。これは愛別離苦とは逆の苦しみである。嫌いな人や、憎くてしかたがない人などに会わなければならない苦しみである。嫌な上司や学校の先生と毎日顔を突き合わせている人もいるだろう。それも怨憎会苦だ。

三つ目は「求不得苦《ぐふとくく》」。求めるものが手に入らない苦しみだ。程度の差はあるが、誰にも欲望がある。欲望のことを仏教では「煩悩《ぼんのう》」と呼ぶが、これがあるから人間は苦しむのである。

喉が渇いているのに水がない。欲しいものがあるのにお金がない。それらはすべて苦しみだ。動物はお腹が満たされれば満足するが、あるが上にさらに求めるのが人間の本性である。はたから見ればもう十分に富を貯えてこれ以上なにを望むのだろうと思える人もさらなる富を追求し、それが得られない苦しみに喘《あえ》いでいるのだ。

四つ目は「五蘊盛苦《ごおんじょうく》」だ。『般若心経』の中に「五蘊皆空《ごおんかいくう》」という一説がある。「五蘊《ごおん》」は「色受想行識《しきじゅそうぎょうしき》」のことで、「色」はわれわれの身のまわりにあるすべての存在現象のことだ。「受」は存在現象を受けとめること。「想」は存在現象を認識すること。「行」は認識したものに積極的に働きかけること。「識」は受想行の機能を統括する心の働きである。

少し話が難しくなったが、たとえば赤い花があるとする。

色と形をもった花という存在が「色」。花の色形を受け入れる働きが「受」。受け入れたものが花という存在で、色は赤いと認識することが「想」。認識した花(存在)を手折って持ち帰ろうとする行為が「行」だ。

われわれは身のまわりにあるものを見たり、聞いたり、触ったり、味わったり、あるいは心に思ったりして、常に心地よいとか嫌だとか感じている。

心地よいもの、好きなものがなくなるのは苦しみである(愛別離苦)。また、嫌いなものに会うのも苦しみだ(怨憎会苦)。見たり聞いたりして、欲しいと思ったものが得られないのも苦しみである(求不得苦)。そして、身のまわりにあるすべてのものがわれわれの欲望(煩悩)を盛んにつくり出している(五蘊盛苦)のである。

生老病死の四苦に、この愛別離苦、怨憎会苦、求不得苦、五蘊盛苦の四つの苦しみを加えたものが四苦八苦であり、それがわれわれの人生の現実である。

四諦八正道

KEYWORD 4

苦しみを滅するために

四つの真理、八つの正しい道

ブッダはこの世の中は苦しみであるととらえた。そして、その苦しみから逃れる道を求めて出家し、ついにその道を発見した。それが悟りだ。

ブッダは「すべての道の中で最も優れているのは八つの正しい道である。すべての真理の中で最も優れているのは四つの真理、四諦《したい》である」と言っている。

「四諦」とは苦《く》・集《じゅう》・滅《めつ》・道《どう》の四つをさす。この世の中で生きていくことは苦しみである（苦）。その苦しみには原因がある（集）。苦しみは滅することができ（滅）、滅するための方法がある（道）。これが四つの真理である。

そして、苦しみを滅して悟りの境地に至るためには、八つの道を実践しなければならない。その道は「八正道《はつしようどう》」と呼ばれ、四諦とともに仏教の根幹をなす教えである。

それが「正見《しようけん》、正思《しようし》、正語《しようご》、正業《しようごう》、正命《しようみよう》、正精進《しようしようじん》、正念《しようねん》、正定《しようじよう》」の八つだ。

「正見」は文字通りものごとを正しく見ること。人は世の中の実体、ありのままの姿をなかなか正確に見ることができない。先入観や常識、あるいは偏見などにとらわれているからだ。だから、ものごとを正しく見ることを習慣づけなければならない。

「正思」は正見によって見た現実を正しく考えること。われわれ凡夫《ぼんぷ》（凡人）は先入観や常識、偏見などにとらわれてなかなか正しい考えを持つことができない。だが、白いものは白い、黒いものは黒いという正しい認識を持たなければならない。

「正語」は偽りのない真実の言葉を話すこと。「和顔愛語《わげんあいご》」という言葉があるが、にこやかな顔で、優しい言葉で話すことも正語には含まれている。荒々しい言葉を使ったり、怒鳴ったりすることは禁物だ。

「正業」は清浄な生活をすること。戒律を守り、規則正しい生活をする。人には誠実に対応し、邪《よこしま》なことを考えないで生活することだ。

「正命」は「身口意《しんくい》の三業《さんごう》」、つまり、身体で行う行為（身業《しんごう》）、言葉を発すること（口業《くごう》）、心に思うこと（意業《いごう》）の三つを慎んで清浄に保ち、正しい教えに従って生活することである。

「正精進」は正見、正思、正語、正業、正命、正念、正定をたゆまず実践する努力のこと。

「正念」は常に邪念を離れ、何が正しい行いかをしっかりと心にとどめて生活することだ。

最後の「正定」は精神を集中し、迷いのない清浄な境地に入ることである。坐禅のことを「禅《ぜん》定《じょう》」といい、「定」は精神を集中させることことをさす。座禅でいう「無の境地」である。以上の八つの実践に精進する。すると、悟りの境地に至るという。

ただし、この八正道は初期の仏教、つまり小乗仏教の時代に重んじられた修行方法である。初期の仏教は出家主義で、八正道も出家の修行僧に向けられたものだ。

だから、在家の人々にとってはなかなか実践するのが難しい。そこで、大乗仏教の時代になると「六波羅蜜《ろくはらみつ》」という在家の人に向けた修行方法が説かれるようになる。

在家のための「六波羅蜜」

八正道を在家向きにアレンジしたのが「六波羅蜜《ろくはらみつ》」だ。「布施《ふせ》・持戒《じかい》・忍辱《にんにく》・精進《しょうじん》・禅定《ぜんじょう》・智慧《ちえ》」の六つの修行法をさす。

「布施」は豊かなものが貧しいものに施しをすること。チャリティーの精神ということができる。誰にでもできる布施からはじまるのは六波羅蜜が在家の信者向きにつくられたからだ。

「持戒」は戒律を守って正しい生活をすること。八正道の「正業」に相当する。

「忍辱」は怒りを抑え、他人からののしられたりしても耐え忍ぶこと。ブッダは「怒るな。怒らないことによって怒りに打ち勝て」と言っている。

「精進」は八正道の「正精進」と同じで、各修行項目をたゆまず実践し、努力することだ。

「禅定」は八正道の「正定」にあたる。布施、持戒、忍辱、禅定の実践に常に努力(精進)していると、しだいに身心が清められ、悟りの「智慧」が明らかになる。

ちなみに、有名な『般若心経』は『摩訶《まか》般若《はんにゃ》波羅蜜多《はらみった》心経《しんぎょう》』が正式名称である。「摩訶」は摩訶不思議の摩訶で「偉大な、大きい」という意味。「般若」とは「悟りの智慧」、「波羅蜜多」とは「完成」や「至る」、「心」は心臓のことで「真髄」という意味だ。

つまり、六波羅蜜は「偉大な悟りの智慧に至る真髄を説いた経典」であり、在家の人々もその実践によって偉大な智慧(般若波羅蜜多)に至ることができると教えている。

業

KEYWORD 5

すべてに原因がある

身口意の三業

「業《ごう》」はサンスクリット語(インドの古い言葉)でカルマといい、行為という意味であるが、仏教では因果関係と結びつき、「前々からのさまざまな行為による潜在的な力」と考えられるようになった。八正道《はっしょうどう》の「正命《しょうみょう》」でいう「身口意《しんくい》の三業《さんごう》」が、仏教でいう業である。

「身業《しんごう》」は身体による行いだ。たとえば、他人の物を盗んだり、他人を傷つけたりすると法律によって罰せられる。また、他人から怨みを買うことにもなる。

「口業《くごう》」は言葉による行いだ。たとえば、電話で日時を決めて誰かと会う約束をする。言葉はすぐに消えてしまうが、約束したという事実が潜在的な力として残る。だから、約束を破ると非難を浴び、信用を失うことになる。

また、他人を怒鳴ったりすると相手も対抗して怒鳴り返して口論になり、ついには殴り合いにもなりかねない。つまり、口業に端を発し、身業に発展してしまうのだ。

よく政治家が失言をする。彼らはすぐに発言を取り消すなどというが、一度言ってしまったことは容易にはひるがえすことができない。着任早々の記者会見で失言し、数日で辞めた政治家も少なくない。このように口業はさまざまな結果をもたらすのである。

「意業《いごう》」は心にさまざまなことを想うことだ。ふだんから心に抱いていることは、つい言葉や行動や出てしまう。政治家が失言するのも、じつは日ごろから失言内容のような考えを心に抱いているからである。

このように身口意の三業はさまざまな結果を残す。つまり、すべての物事には原因があるのだとブッダは教えている。しかも、仏教ではその影響は今生《こんじょう》(今生きている間)だけではすまないと考えるようになった。すなわち、前生《ぜんしょう》の行いが今生の結果としてあらわれ、今生の行いは来生《らいしょう》に結果を生むというのである。そして、業こそが「輪廻《りんね》転生《てんしょう》」(生まれ変わり)の原因とされた。

ちなみに、最近ではあまり聞かなくなったが「業が深い」「業を背負っている」という言葉がある。これは今困難に陥っているのは前生での業の結果だということを意味している。

輪廻転生と解脱

KEYWORD 6

生まれ変わりからの解放

ブッダ以前からあるインドの思想

死んでもどこかに生まれ変わる。ブッダの思想の大本にはそのような輪廻転生《りんねてんしょう》の考えがあった。

輪廻転生という考え方は紀元前五世紀に、ブッダがこの世にあらわれる一〇〇〇年以上前からインドにはあった。インドの宗教や哲学はすべてこの輪廻転生を大前提としており、そこから抜け出すこと、つまり「解脱《げだつ》」を目的としている。

解脱とは過去、現在、そして未来にわたって限りなく繰り返される輪廻転生の連鎖から解放されることである。

それにしても、生まれ変わることがなぜいけないのだろうか。死んでもまたどこかに生まれ変わるのなら、楽しみが増えるのでは、とも思える。

実際、中国に仏教とともに輪廻転生の思想が伝えられた当初、これを歓迎する人もあったという。古来、中国では死後は冥界《めいかい》（闇黒の死後の世界）に行くのみだと考えられていた。冥界には地獄のように具体的なイメージはないが、人々はそこに行くことを恐れていたのだ。そのような中国人にとって輪廻転生は吉報で、死の恐怖を和らげてくれたのである。

しかし、仏教はブッダがこの世に生れ、生きることは苦しみであると認識したことにはじまる。そしてブッダはそこからの解脱を説いたのだ。

輪廻転生の起源

インドでは古くから火葬の習慣があり、釈迦も死後に火葬された。輪廻転生説の萌芽はこの火葬の習慣にあり、人々は火葬の煙を見て次のように考えたという。

火葬の煙とともに死者の霊魂は空高く昇ってゆく。そして、月に到達してしばらくとどまった後に、再び下降して雲の中に入り、雨となって地上に降ってくる。雨は大地を潤し、稲や麦などの作物を育てるが、作物の根を通って死者の霊魂も作物の中に入り込む。その麦や米を男性が食べると霊魂は精子の中に入り込む。そして男性が女性と交わると、新たな肉体にその霊魂が入り込むというのである。このように肉体は滅びても霊魂は存在し続け、新たな肉体に入っていく。それが輪廻転生の考え方だ。

火葬の煙にまつわる話は兎も角として、輪廻転生説には意外に合理的な側面がある。

インドではあらゆる存在は元素のような、最小単位のもので構成されると考えられていた。現代の物理学でも物質の最小単位として量子や原子などの存在が究明されているが、インド人は今から三〇〇〇年も前にそういった考えを持っていたのである。さすがゼロを発見した国だ。

そして、この考えが仏教にも取り入れられた。仏教では地水火風の四つの要素が人間をはじめとするすべての物質をつくり上げていると考えた。

四つの要素は「四大《しだい》」と呼ばれる。「地大《ちだい》」は固さを形成する元素。「水大《すいだい》」は湿り気を保つ元素。「火大《かだい》」は熱を本質とし、物質を熟成する元素。「風大《ふうだい》」は動きを与え、物質の寿命を長く保つ元素だ。

人間の肉体は死後、これらの元素に分解され、それがある縁（条件）によって再び新たな肉体が形成される。つまり、生まれ変わると考えられているのだ。

輪廻転生する六つの世界

ブッダがこの世を去ってしばらくすると、仏教では人間が輪廻転生を繰り返す六つの世界が考えられるようになった。それが「地獄《じごく》・餓鬼《がき》・畜生《ちくしょう》・修羅《しゅら》・人間《にんげん》・天《てん》」の六つの世界だ。

人は前生《ぜんしょう》の行いの善し悪しや信仰心の深浅などによって六つのうちのどこかに生まれると考えられた。この六つの世界を「六道《ろくどう》」といい、そこで輪廻転生を繰り返すことを「六道輪廻《ろくどうりんね》」という。

「地獄」は生前に悪いことをした人が行く世界で、罪を償うために来る日も来る日も責めさいなまれる。「餓鬼」は食べ物がなくて飢餓に苦しむ世界。「畜生」は犬猫や牛や馬などの動物の世界で、人間に食べられたり、虐待されたり総じて悲惨な目に遭う。「修羅」は修羅場という言葉があるように、つねに戦いを繰り返す世界。「人間」は文字通り人間の世界だが、貧富の差があったり、戦争や災害などさまざまな困難が起こる世界だ。

最後の「天」は神々の世界。しかし、神に生まれても行いが悪いと来生《らいしょう》は別の世界に生まれるかもしれない。

このように、人は死んでも六道のいずれかに生まれ変わるという。だから輪廻転生は苦しみ

であるとブッダは説いたのだ。

人身は得難し

六道のうち、どこに生まれるかは、この世の行いの善し悪しによって決まる。この世で善行を積み、信仰心も厚い人の中には神に生まれる人もある。

しかし、神に生まれたことをよいことに怠惰になったり、人間を見下したりしていると、次の世には人間以下の世界に生まれる可能性も十分にある。同じように信仰心が厚く、品行方正で慎み深く生きた人は再び人間に生まれることができるだろう。

しかし、実際のところ、神はもとより、人間に生まれるのも至難の業なのだ。

ブッダは「人身《にんしん》は得難し」と言っている。つまり、人間の肉体と心を持って生れてくることは非常に難しいという。しかも、人間に生まれたときだけブッダの教えに従って修行し、悟りを得るチャンスがある。だからこそ、われわれはこの世では行いを慎み、善行を積まなければならないのだ。

法（ダルマ）

KEYWORD 7

それは私（ブッダ）である

ブッダが見つけた真理

「法」のことをサンスクリット語で「ダルマ」という。インドは「ダルマの国」ともいわれる。インド人にとってダルマ（法）という言葉は実に広範な意味を持ち、いわば宇宙のいとなみの一切合財を意味するということができる。

インド人にとってダルマとは自分の人生の信条や人生観のようなものともいえる。今もインド人に「あなたのダルマは？」と尋ねると、「私のダルマは〇〇です」という明確な答えが返ってくる。ダルマはいわば宇宙の摂理のようなもので、インド人はその摂理に独自の解釈を加えて、それに従って生きているということができる。

ブッダは宇宙のいとなみの一切合財を悟り、それを人々に説いた。それがブッダの教え、すなわち仏教である。このことから仏教で「法」というと、ブッダの教えを意味する。

ブッダは弟子たちに「法を見る者は私を見る。法を見ていない者は私を見ない」と説いた。つまり、法（ブッダの教え）に従って精進している人にとっては、その人がどんなに遠く離れたところにいようともブッダ（私）は常に身近にいる。しかし、いくらブッダの側近くに従っていようとも、法に従っていない（法を見ない）人にとってブッダは遠く離れたところにいるという意味である。

法とはブッダが悟った真理である。

人間が正しい道を進むには真理に従うほかはない。しかし、われわれ凡夫《ぼんぶ》（凡人）は真理を正しく見ることができない。そこで、往々にして誤った道を進むことになる。そのため仏教では悟りに至る第一歩として、八正道《はっしょうどう》の「正見《しょうけん》」を重んじる。すなわち世の中のありのままの姿を正しく見るということである。

ちなみに、禅の開祖、達磨大師《だるまだいし》はインドの人と伝えられ、正しくは菩提達磨《ぼだいだるま》。サンスクリット語名はボーディ・ダルマという。菩提（ボーディ）は悟りの意味、そして先に述べたように達磨（ダルマ）は法だ。

達磨はブッダが悟りを開いたブッダガヤーという町にやってきた。そこで、ブッダが菩提樹の下で瞑想して（座禅を組んで）偉大な悟りを開いたことに感銘し、坐禅だけで悟りの境地に至ることができると確信した。

その後は坐禅に専念し、中国に渡って禅を広めたと伝えられている。あのたくましい風貌の達磨大師もブッダと同じように宇宙の摂理を悟った人なのだ。

三宝印（諸行無常、諸法無我、涅槃寂静）

KEYWORD 8

そして、悟りの境地へ

すべては流転する

鴨長明《かものちょうめい》『方丈記《ほうじょうき》』の冒頭は次の有名な文章で始まる。

「行く河の流れは絶えずして、しかも、もとの水にあらず。淀みに浮かぶうたかたは、かつ消え、かつ結びて、久しくとどまりたる例《ためし》なし。世の中にある、人と栖《すみか》と、またかくのごとし」

河は常に絶えることなく流れていて、一瞬たりとももとどまることはない。今流れている水は一瞬前に流れていたのとは違う水だ。河の流れが停滞してできた淀みに泡(うたかた)が生じたかと思うと、次の瞬間には消え去ってしまうことが常に繰り返されている――この真理(現実)は人間の世の中でも同じで、人と住まいも河の流れや泡と同じように生じては消え、消えては生じることを繰り返している。世の中のすべての存在現象は常に流転して変化し続ける。これを仏教では「諸行《しょぎょう》無常《むじょう》」という。

ブッダは「一切の色形のあるもの(存在)と現象は無常であると正しい智慧で見ることができたとき、人は苦しみから離れる。これこそ人が清らかに平穏に生きる道である」と言っている。

たしかに世の中の存在や現象は永遠に続くものはひとつもない。

世界文化遺産に登録された富士山はその美しい姿が世界的に知られている。しかし、裾野をきれいにひくおなじみの山容ができたのは今から二千数百年前のことだという。そして、これから先も長い目で見れば今と同じ姿を永遠に保つことはできない。実際、今も大沢崩れという大規模な崩落が起こっていてその姿は少しずつ変わってきている。

また、最近は噴火の危険を指摘する声もある。もし近い将来、大噴火を起こせばその山容は一夜にして大きく変わるだろう。

そんなことはブッダに教えられなくても、ちょっと冷静に考えれば誰でも分かることだ。し

かし、人間の本性は世の中の真理（現実）に逆行して、永遠の富士の姿をイメージし続ける。そして、それがなくなったとき、限りない失望や悲しみを味わうことになる。

ブッダはそのような真理を見過ごしがちな人間の本性を鋭く指摘して正しい方向に向かわせようとする。

「我」を否定し、悟りの境地へ

さらにブッダは「『一切の事物は我ならざるものである』という真理を正しい智慧で認識したとき、人は苦しみから遠ざかることができる。そうすることによって清らかで平穏な生活が送れる」とも説いている。

このことを仏教では「諸法無我《しょほうむが》」といっている。

「諸法」とは一切の事物のこと。「我」とは事物の主体（実体）という意味で、自己の中心になるものである。

凡夫《ぼんぷ》（凡人）はあらゆる存在には主体となるものがあり、それが永遠に存在すると考えている。しかし、ブッダはこの「我」の存在を否定し「無我」を強調したのだ。

諸法無我は諸行無常の立場に立てばおのずから導かれるものだ。すべての存在が生々流転し、生じては消えるものであると考えれば、存在には常住（変化しないで在り続ける）の主体がないということになる。

諸行無常、諸法無我という真理を悟れば永遠に平安な苦しみのない境地に至ることができる。この境地を「涅槃寂静《ねはんじやくじよう》」という。「涅槃」はサンスクリット語でニルヴァーナといい、悟りの境地のことだ（アメリカのロックバンドの「ニルヴァーナ」を御存じの方も多いと思うが、このバンド、意外にも仏教語をバンド名にしているのだ）。

仏教では今述べた諸行無常、諸法無我、涅槃寂静を「三宝印《さんぼういん》」と呼ぶ。ブッダが最期（涅槃）を迎えたとき、集まった弟子や信者たちに語った遺言とされている。

第二章

人生問答——悩みをときほぐす智慧と言葉

QUESTIONS & ANSWERS

Question 1

生きる

Q

思い描いた人生とは違う。このままでいいのだろうか。

「**理想**にとらわれるな。**今**を**生**きよ」

今すべきことは何か？

ブッダにまつわる有名な説話に『毒矢のたとえ』がある。

ある青年が、「自己とは何か、世界とは何かについて満足できる答えを得られないうちは、修行に励む気持ちになれない」と言った。この青年にブッダは次のように答えた。

「ある人が毒矢に射られて苦しんでいたとする。しかし、医師が駆けつけて治療しようとしたとき、その人は『いったい誰がこの矢を射たのか？　弓はどんな形状のものなのか？　弓に張った弦は何でできているのか？　矢羽はどんな鳥の羽でつくったのか？　そういうことが分からないうちは、矢を抜いてはならない』と言ったとしたら、その人は答えを知る前に死んでしまうだろう。必要なのは一刻も早く矢を抜き、応急処置をすることなのだ」

自己や世界について思索を巡らせても答えは容易には出てこない。

そんなことを考えている今この瞬間も現実が存在し、われわれはその中で苦しみ悲しんでいる。どんなに思索を深めてもそれがにわかに消えるわけでもない。苦しみや悲しみをなくすには、現実の世の中で生きる人々のことを考えることがもっとも重要だ。

ブッダはそう教える。

言うまでもなくブッダは世の中について、自己について思索を深めた。その結果、諸《しょ》行《ぎょう》無《む》常《じょう》や諸《しょ》法《ほう》無《む》我《が》という世の中の真理を発見した。それが悟りの境地である。

しかし、一方でブッダは、「宇宙の果てはどこにあるのか？　時間の始まりと終わりはどのようになっているのか？　霊魂とはどのようなものか？」などといった、考えても到底答えが出ない問題には関わるなといって厳しく戒めた。

ブッダは偉大な宗教家であるが、それと同時に今の言葉でいえば極めて優秀なカウンセラーということができる。現実の世の中で苦しみ悲しんでいる人々の様子を観察し、今その人にもっともふさわしい助言を与えてくれる。ブッダはいつも実践的に物事に対処するのである。

将来や理想にとらわれるな

『毒矢のたとえ』はかなり極端な話だが、われわれ人間は同じような状況に陥ることが少なくない。たとえば、就職活動をしている学生が、「自分に合った職場がなかなか見つからない」と言う。しかし、これも奇妙な話だ。まだ就職する前から、その職場が自分に合っているかどうかなどは分からない。おそらくはいろいろと考えているうち、理想の職場、職業イメージができあがり、それに合ったものしか受け付けられなくなったのだろう。

これは何も就活学生に限ったことではない。将来のことをあれこれと考えているうちに決断が遅れ、せっかくのチャンスを逃したという経験を持つ人も少なくないだろう。ブッダの言うように、この世の中は諸行無常である。常に動き続けていて、一瞬たりともとどまることがないのだ。

将来のことなどは分からない。もちろん生活設計、人生設計を持つことは必要だ。しかし、余りにそれにとらわれていると、目の前の現実が見えなくなってしまう。重要なのは今を考え、適切に判断して行動することなのだ。

日常のすべてを修行とする

「日々《ひび》是好日《これこうじつ》」という禅の名言も、今この瞬間を好日(好時、チャンス)と捉えて精一杯生きろという意味である。

日本曹洞宗《そうとうしゅう》の開祖、道元禅師《どうげんぜんじ》も今を生きることの大切さを強調する。道元の禅は「只《し》管打坐《かんたざ》」といい、只管（ひたすら）坐禅に打ち込むことである。

ただし、坐禅というと禅寺の坐禅堂などで静かに坐っているイメージだが、道元のいう「坐禅」は違う。日常の行住《ぎょうじゅう》 坐臥《ざが》（あらゆる行動）を坐禅と考えるのだ。だから、掃除をするのも料理をするのも、顔を洗うのも、トイレに行くのも、もちろん会社に行って仕事をすることも日常のすべての行動が坐禅（修行）だ。そして、目の前にある仕事（行動）に全身全霊を打ち込んで実践することが何よりも重要だというのである。それを重ねることによって人は成長し、やがて悟りの境地に至るというのが只管打坐である。

とかく人は「面倒くさい」などと言って、目の前の仕事を遠ざけがちになる。しかし、やらなければいけないことをあえて喜び、全力で向かってみることで、人は成長する機会を得られるのだと道元は教える。

コラム

「日々是好日」

昔、中国の雲門文偃《うんもんぶんさい》という禅の高僧が、弟子たちに向かって「過去のことは問わない。今現在の心境を述べてみよ」と言った。しかし、弟子たちは満足のいく答えを返すことができなかった。

一般に、人間は過去の日々との比較の上で今日を考える。そうすると今日が果たして善い日なのか悪い日なのか、なかなか即答することができない。そこで師匠が自ら「日々是好日《ひびこれこうじつ》」と答えた。「毎日毎日が善い日だ」と言ったのである。つまり、毎日をまあまあの好日ととらえて過ごせば、逆境にあってもさして悩むことがないということである。

ただし、それを「雨の日もまた善し」といった解釈をするのでは不完全である。「雨の日もまた善し」というのは晴れの日との比較の上で成り立つ。そういった比較の上での好日ではなく、無条件に今日が好日だと思えることが肝要なのである。晴天だろうが、雨が降ろうが、雪が降ろうが、その日を好日と捉えて全力で生きる。そういうことである。

禅ではわれわれが生きている一瞬一瞬が仏に授けられた修行のための絶好の時機であると

考える。「日々是好日」という言葉は一瞬一瞬を決して疎かにしてはならないという戒めだ。

人生は一瞬一瞬の積み重ねである。そして、その一瞬を全力で生きることが結果を生む。人生山あり谷あり。調子のよいときもあれば、悪いときもある。過去にとらわれたり、未来を恐れたりすることなく、全力で日々を生きれば結果はおのずからついてくる。

Question 2

Q

自分の人生、好き勝手に生きたい。

「不放逸にはげまなければ、災いがおきるだろう」

「正しい生活」の大切さ

仏教では戒律を守ることがもっとも重要である。戒律というと難しそうだが、分かりやすく言うと良い生活習慣を身につけるということだ。

ブッダは人間の行動や心理を事細かに観察し、人間は元来どういう生き物なのかを深く考えた。その結果、人間は本来は善だが、放っておくと生活が乱れ、肉体的にも精神的にも不健康になっていくという結論に達した。

ブッダの肉声といわれる古い経典に「不放逸《ふほういつ》にはげめ」という言葉がしばしば出てくる。放逸とは勝手気ままな行いをすることだ。夜更かし、寝坊、そして、好きなモノだけを食べ、お酒も好きなだけ呑む。仕事や学校というしばりがないと、人間はどうしても放逸な

生活に流れやすい。

しかし、そんな生活を続けていると病気などの災いが待っている。そうならないようブッダは戒律を定め、それを守る正しい生活をすすめたのだ。

守るべき五つの戒律

では、そもそも戒律とは何か。戒律にはどんなものがあるのだろうか。

「戒」と「律」は少し違った概念で、戒は規律（決まり）を守ろうとする自発的な（積極的な）心の働き、律は規律を犯したときの罰則規定などをさす。戒律というと何だか難しそうで、お坊さんではないわれわれにはとても守れそうにない。

しかし、簡単に言えば戒律とは良い生活習慣を身につけるための決まりごとだ。われわれ在家の人間が守らなければならない戒律には次の五つがあり、これを「五戒《ごかい》」と呼ぶ。

「不殺生戒《ふせっしょうかい》」＝生き物を殺したりいじめたりしてはいけない。

「不偸盗戒《ふちゅうとうかい》」＝人の物を盗んではいけない。

「不妄語戒《ふもうごかい》」=ウソをついたり、心にもないお世辞を言ったりしてはいけない。
「不飲酒戒《ふおんじゅかい》」=お酒を飲んではいけない。
「不邪淫戒《ふじゃいんかい》」=配偶者以外の異性と交わってはいけない。

なんだこれなら守れそうだと思う人もいるかもしれない。しかし、じつはなかなか難しい。ふつうの生活をしていれば生き物を殺すことはない。だが、日々の食卓に誰かが殺した肉や魚がのぼれば、不殺生戒を破ったことになる。

また、たとえ人のモノを盗まなくても、知らずに人のアイデアを盗ったり、仕事をとってしまえば不偸盗戒を犯したことになる。競争の厳しい現代社会でこれもないとはいえない。

人をおとしめるようなウソをつく人は少ないだろうが、軽微なウソは誰でもついている。本当は友達とお酒を飲んできたのに、会社の上司に誘われて断れなかったなどと妻にウソをつけば不妄語戒に反する（ただし、「ウソも方便」といわれるように、善意のウソ、人を安心させたり助けたりするためのウソはブッダも認めている）。

お酒が飲めない人は別として、不飲酒戒を守ることも難しい。酒は神世の時代からあり、飲酒の風俗は世界中に広まっている。

酒もほどほどに楽しく飲んでいる分には良いのだが、度が過ぎるとトラブルを引き起こしたり、健康を損なう原因にもなる。だからブッダははじめから酒を飲むことを禁じた。とは言え、慶弔などさまざまな機会で酒をまったく飲まないということは非常に難しいだろう。

このように戒律をすべて厳密に守ることは困難だ。だから不殺生戒、不偸盗戒、不妄語戒、不飲酒戒、いずれもほどほどにということだ。それが二章でも述べた仏教の真骨頂、中道《ちゅうどう》である。

ただし、不邪淫戒についてはほどほどとか、控えたほうがよいというものではない。結婚相手がいるにも関わらず、ほかの異性に心ひかれる人もいるだろう。その相手と関係を結べば、いずれは発覚して家庭崩壊ということにもなりかねない。

すべての戒について言えることだが、戒とは積極的に守るべきもので、犯すと罰せられるから仕方なしに守るというものではない。だから人が見ているか見ていないかは関係がない。戒律を継続的に実践することが大切であり、それが精進だ。

「つとめ励むのは不死の境地である。怠りなまけるのは死の境崖《きょうがい》である」

なまけることなく過ごしていれば（精進すれば）、常に平穏な境地（不死の境地）を愉しむことができるが、怠惰な生活をしていると、やがてとんでもない苦しみ（死の境崖）を味わうことになる。ブッダはそう警鐘も鳴らしている。

Q

将来が不安だ。何を支えに人生を歩めばよいのか。

「自燈明、法灯明。自分と法を道しるべにせよ」

Question 3

他力本願ではいけない

科学が発展して宇宙に行くことができる現代でも、神社仏閣に行って祈願をする人は多い。

茨城県の鹿島神宮の祭神は健御雷神《たけみかずちのかみ》という雷の神である。現代では、雷の正体が電気であることは子どもでも知っているが、その関連で鹿島神宮には電力会社の幹部の参拝が多い。年末から正月にかけては泊まり込みで安全祈願や事業繁栄の祈願をする人もいるとか。それでも、先の震災時のような大事故を起こし、その解決には一〇〇年以上かかるともいわれている。何か滑稽な感じもするが、人間の弱さをまざまざと見せつけられているようで、はかなさも感じる。

このように、とかく他力本願になってしまう人間に対してブッダは「自《じ》燈明《とうみよう》、法燈《ほうとう》明《みよう》」という言葉で応えている。その意味は「自分自身を燈明とせよ。そして、ブッダの教え（法）を燈明とせよ」である。

仏教は神のいない宗教だ。そう言うと、仏は神と同じ人間の能力をはるかに超えた超人的な存在ではないか、と反論する人がいるかもしれない。

たしかに、キリスト教のヤウエやイスラム教のアラーは全知全能の絶対的な力を持った神で、われわれ人間は決して神になることはできない。

これに対してブッダはわれわれと同じ人間である。王子として生まれたブッダ（釈迦）は人生の問題に悩み、苦しんだ末に出家した。そして厳しい修行をした結果、悟りを開いたのである。

われわれ凡人もブッダの教えに従って生きていけばいつか必ずブッダになることができる。だから、自分自身をよりどころとして（自燈明）、ブッダの教え（仏教）に従って生きていきなさい（法燈明）という言葉を残し、ブッダはこの世を去ったのである。

ここがキリスト教やイスラム教との大きな違いだ。キリスト教やイスラム教では絶対神の前では個人の力など何の役にも立たない。最終的には絶対他力になる。神の力を信じ、身を投げ出して祈ることによって救われるのだ。

しかし、仏教はすべてのことを自分の力で解決する。そして、ブッダはその方法を教えてくれたのだ。

先ず、行動せよ

試験を間近に控えた受験生が自分の学力に不安を感じ、勉強に手がつかなくなる。そんなとき、いくら天神様にお参りしても奇跡は起きない。大事なのは受験がたとえあと一カ月後でも、一日一日、コツコツと勉強することだ。それしか合格する道はない。

結果は必ずしも満足のいくものではないかもしれない。しかし、もっとも大切なのは目標に向かってのプロセスなのだ。一生懸命勉強して第一志望の大学に入れなかった人の人生と、何もしないで天神様に日参してお百度参りをして入れなかった人の人生は、明らかに違ったものになる。

こんなことはブッダの教えによらなくても誰でも分かっていることだ。ところが、人はいざとなると他力本願になり、今やらなければならないことをおろそかにしてしまう。これが人間の本性でもある。ブッダはそうした人間の欠点、弱さを指摘して猛省を促し、厳しく戒める。「先ず、行動せよ！」と。

ブッダは誰もが分かっているが、ふだんはつい忘れてしまう人間の欠点、弱みを指摘し、それをあらためさせる。それがブッダの言葉に共通して見られる特徴である。

Q

何をやっても失敗ばかり。私は能力のない人間だ。

「自らを愚かと思う者は、決して愚かではない」

Question 4

愚者の認識が人を育てる

昔、ブッダの弟子の中でもっとも愚かな者がいた。名を須利槃特《しゅりはんどく》といい、兄も出家して仏弟子となっていた。

兄は極めて聡明でブッダの教えをよく理解していたが、弟の須利槃特は短い経文のひとつすら覚えることができなかった。それどころか自分の名前すらしばしば忘れるので、いつも自分の大きな名札を首から胸と背中にかけていたという。

その須利槃特があるとき、ブッダに「私は短い経文すら覚えることができません。どうしてこんなに愚かなのでしょうか？」と愚痴をこぼした。

するとブッダは「お前は決して愚かではない。なぜならお前は自分が愚かであるということを知っているからだ。自分の愚かさを知らない者こそ、本当の愚か者なのだ」と応えた。

そして、「塵《ちり》をはらい、穢《けが》れをはらう」という短い言葉を繰り返しとなえるようにすすめた。須利槃特は来る日も来る日もこの言葉をとなえ、ついに記憶することができた。そして、その心は高い境地に達することができたという。

ブッダの教えによらなくても、自分の愚かさを知ることは人間にとって重要なことだといえるだろう。「そんなことは知っている」「素人に言われたくないね」。よくそんな言葉を耳にする。

しかし、本当に知っているのだろうか？　どんな人の意見にも耳を傾ける。自分にはまだまだ知らないことがたくさんあるという態度こそ大事ではないだろうか。自分の愚かさを認識してこそ進歩がある。それが明日への原動力となると言うことができるだろう。

日本の高僧たちもこぞって愚者の認識を表明している。浄土宗を開いた法然《ほうねん》は自らを「愚中の極愚《ごくぐ》」といい、法然の弟子で浄土真宗の基を築いた親鸞《しんらん》は「愚禿《ぐとく》」を名乗り、江戸時代の良寛《りょうかん》は「大愚《たいぐ》」と称した。愚者の認識が人を大きく育てる。

毎日ストレスでイライラしている。この状態から抜け出す道は？

Q

「**瞑想**にはげみ、**心**をつなぎとめよ」

Question 5

仏教の三学「戒定慧」

失恋した、仕事で失敗した、お金がない。そんなとき、われわれ人間は落ち着きを失い、イライラすることがよくある。

仏教では「戒定慧《かいじょうえ》」ということがいわれる。「戒」は戒律を守ること。「定」は禅定《ぜんじょう》の略で坐禅を組み、瞑想すること。常にこれを実践することによって「慧」、つまり、悟りの智慧があらわれるという。戒定慧は「三学《さんがく》」と呼ばれ、仏教の屋台骨となっている。

戒律については二章でも述べたが、われわれ一般の人間は修行僧のようにお寺にこもって戒律を厳しく守ることはできない。

したがってわれわれについての戒律とは、正しい生活習慣を身につけることである。簡単に言えば早寝、早起き、腹八分目など、規則正しい生活をすることだ。そうすることによって身心ともに健全となり、心も落ち着きを取り戻してくる。

イライラして眠れないからといって、つい遅くまで酒を飲み、翌朝やっと起きてモヤモヤした気持ちで会社に行く。すると自己嫌悪におちいってその日はまたイライラして過ごすことになる。そんな生活が続けば心身の病気にもなりかねない。できるところから生活の見直しが必要なのだ。

ヨガ本来の意味とは？

いま、とくに若い女性の間でヨガが流行っているが、じつはあれも瞑想のひとつである。日本ではヨガと呼んでいるが、正しくは「ヨーガ」と発音する。流行りのヨガは美容や健康を目的としたものだ。もちろん、インド古来のヨーガにも美容や健康増進という目的もあり、実際にその方面の効能もあるようだ。

しかし、ヨーガ本来の意味はもっともっと深い。ヨーガはもともと、馬や牛を車につなぐための馬具「くびき」という意味だ。

古来、インドでは馬や牛をどこに向かうか分からない心に、御者を理性にたとえた。その中心にあって、牛馬をつなぎとめるくびきが極めて重要な働きをすると考えたのである。

また、ヨーガには「つなぎとめる」という意味もある。つまり、「心をつなぎとめる」ことこそがヨーガ本来の意味で、瞑想、つまり坐禅を意味する。

ちなみに、さまざまなポーズをとる流行のヨーガは正しく瞑想するためのいわば準備運動のようなもの。もちろん、これも大切なのだが、その目的はあくまでも深い瞑想に入り、心を落ち着かせることにある。そうすることによって悟りに近づくと考えられている。

呼吸を一〇〇まで数える

一日に数分でもよいから瞑想(坐禅)の時間を持てば、それだけで心が安定してくる実感がもてるはずだ。

お寺に行って参禅するのが理想だが、忙しい現代人にとってなかなかそうした時間は取れないだろう。そんなときには、自己流でかまわないから、静かに目を閉じて精神を集中してみるとよい。

禅では「数息観《すそくかん》」といって、自分の呼吸を数えろと教える。

人間は熱が出て息が苦しいとか、急坂を登ってゼイゼイと息が荒くなるときのほかには、意外に自分の呼吸については意識していない。

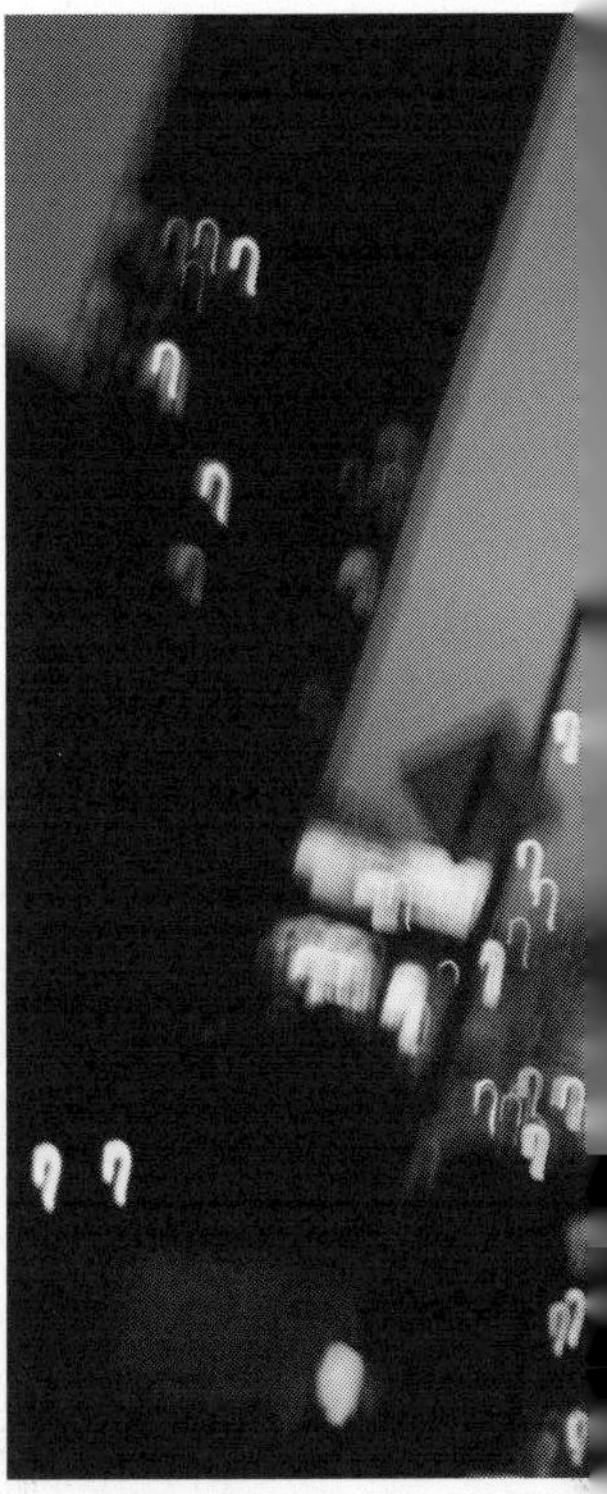

しかし、あえて自分の呼吸を数えてみると、だんだん静かな息遣いになってくることに気づくはずだ。

やり方は、吸う息と吐く息をひとつと数え、一〇〇まで数える。数えそこなったときには、一からやり直す。数えることに集中して、一切の雑念を取り除くのがコツだ。簡単なようでなかなか難しいのだが、継続して実践するうちにできるようになる。

こうやって集中力を身につけると、たとえ喧騒の中でも仕事や勉強がはかどるようになる。そうなれば、他人の声や騒音も気にならなくなり、イライラもすることもなくなる。ブッダの言う「安楽」な生活を送れる。これが、われわれにとっての悟りの境地ということができるだろう。

ただし、安楽といっても遊んでばかりで快楽にふけるという意味ではない。何事にも動かされず、精神が完全に鎮まった状態をさすことは言うまでもない。

Q

我ながら優柔不断。他人の意見に振りまわされてばかりいる。

「自分の主は自分のほかにはいない」

Question 6

出家という大決断をしたブッダ

優柔不断であることで大きなチャンスを逃してしまう。また、なかなか踏み込んで決断ができなければ、はたからバカにされたり、軽蔑されたりすることも多くなる。

人は誰しも、長い人生の中で何度か大きな決断をしなければならないシチュエーションに直面する。二九歳のとき、ブッダも出家という大きな決断をした。その結果、地位、財産、家族などすべてを捨てたのである。しかし、厳しい修行の結果、偉大な悟りを開くことができ、人々が救われる道を説いた。

想像を絶する決断をしたブッダ。その原動力は何だったのか？

もちろん、ブッダの強靭な精神力、揺るぎない智慧も大きな決断をする力になったことは間違いない。ただ、それ以上にブッダが自分自身の行動に確信を持ったことが最大の原動力となったのだろう。

人はとかく他人の意見に左右されやすい。もちろん、他人の意見を聞くことも大切だ。ときに、重要な示唆を与えられ、結果的にその人の意見に従ってよかったということもあろう。

しかし、決断するのはあくまでも自分である。その認識がなければ、他人の意見に左右されたり、あれこれ考えてなかなか決断がつかなくなる。

ブッダは「おのれを灯明とし、ブッダの教えを灯明とせよ（自燈明、法灯明）」と繰り返し説いている。つまり、自分自身を信頼し、自分の意志をしっかり持つこと。そしてブッダの教えに従うことが重要だとしている。

「自己こそ自分の主である。他人がどうして（自分の）主になり得ようか？」

ブッダはそう説く。自己を確立すること。そうすればおのずから決断する勇気も湧いてくる。

ところで、阿弥陀信仰をわかりやすく説いた話に「二河白道《にがびゃくどう》」というものがある。此岸《しがん》（われわれの住む娑婆《しゃば》世界）と彼岸《ひがん》（阿弥陀如来がいる極楽浄土）の間に火炎渦巻く火の河と激流逆巻く水の河がある。その中央に白く細い道（白道）があり、此岸から彼岸に通じている。

旅人が白道にさしかかると、此岸には釈迦如来がいて「さあ、この白道を通って彼岸に渡りなさい！」と促す。彼岸からは阿弥陀如来が「さあ、早く来なさい！」と手招きをする。

だが、此岸では周囲にいる人々が火と水が迫る中、そんな細い道を渡り切れるわけがないからやめなさいと引きとどめる。

そのとき、旅人が釈迦如来と阿弥陀如来の言葉を信じて渡って行けば、必ず極楽浄土に至ることができ、永遠の幸せの境地に安住することができる。しかし、此岸の人々の言うことを聞いて渡らなければ、此岸(娑婆世界)で苦しみにあえぐことになる。

自分自身で納得し、確たる信念を持つ。そこで初めて一歩を踏み出す勇気も湧いてくるのだ。

ちなみに、この二河白道という話は阿弥陀信仰を広めるために中国でつくられたものだ。二河白道図という絵も描かれ、日本でも浄土信仰の布教のツールとして普及し、今も多くの二河白道図が現存している。

Q

他人に親切にすることに、いったいなんの意味があるのか？

「自分の人生に善いことが起きるだろう」

Question 7

「善いこと」とは？

寝ている間以外、人は常に何らかの行動をしている。しかし、よほどのときでもないかぎり、自分の行動について立ち止まって考えることはない。だから、知らず知らずのうちに悪いことをしているかもしれない。善悪の見分け方についてブッダはこう言う。

「ある行為をした後で、後悔の念が起こり、悲しみを味わうようなら、それは悪いことだ。一方、ある行為をした後に、後悔せず、嬉しい気持ちになったなら、その行為は善い行為だ」

他人を傷つけるようなことを言ってしまったとき、他人が不利益になるような行動をしたとき、ふつうの神経の持ち主なら後味の悪い思いをして、自責の念にかられるだろう。逆に他人が喜んで自分に感謝してくれるような行いをしたときには、自分の心も晴れ晴れとして、嬉しくなるだろう。それが善悪の基準だとブッダは教える。

また、ブッダはこんなことも言っている。

「愚かな者は悪いことをしても、その報いがあらわれない間は蜜のようなときを過ごしている。しかし、その報いがあらわれたときには苦しみを受けるのだ」

不倫をしていても、バレないうちは文字通り蜜月を楽しむ。しかし、バレたときには大変な苦悩を受け、大きな代償を払わなければならない。ときに立ち止まり、自分の行動について後悔の念が起こったか起こらなかったかを考えることが必要といえる。

もっとも、立ち止まることは簡単なようで意外に難しい。つい日常の生活にかまけて次から次に行動する。そして、その行動の中には後悔の念が起こる悪い行いが含まれているかもしれない。それが蓄積すると、あるときとんでもない報いを受けることになるのだ。

仏教では、電車の中でお年寄りに席を譲るなど、善行を積むことによって次第に心が悪いことから遠ざかり、その人が犯した罪を償うこともできると教える。

また、仏教では世の中のあらゆる出来事は縁起《えんぎ》によって起こると考え、輪廻転生《りんねてんしょう》の思想がその屋台骨を支えている。そこで生まれたのが「因果応報《いんがおうほう》」という思想だ。ある行為をしたら、後に必ずそれ相応の結果が伴うという考え方である。

「善因楽果《ぜんいんらつか》、悪因苦果《あくいんくか》」。つまり、善いことをすれば善いことが自分に起きる。しかし、悪いことをすれば悪い結果が生じて苦しむことになる。だからブッダは「善をなすのを急げ。悪から心を遠ざけよ。善をなすのにノロノロしていたら、心は悪事を楽しむようになる」と言って善行を奨励しているのだ。

コラム

「親の因果は子にたたる!?」

今では知っている人も少なくなったが、昔、縁日などで「轆轤首（ろくろ首）」という見世物があった。

轆轤首とは、首がニョロニョロと伸びる日本の妖怪の一種。江戸時代にはこれにヒントを得て人形を操って首をどんどん伸ばしていく見世物が生まれ、昭和四〇年ごろまで寺社の縁日などで見られたものだ。

その見世物の口上が「親の因果が子にたたり……」というものだった。つまり、親が前に悪いことをしたので、その悪い結果が子どもにあらわれて、轆轤首という妖怪になってし

まったというのだ。

しかし、これは仏教本来の考え方ではない。因果関係とは本人の中でのみ成立するので、いくら親でも他の人間の行いの報いを受けるということはない。あくまでも自分が前生《ぜんしょう》でした善悪の結果が今生であらわれ、今生の結果は来世であらわれるのだ。

だから、善行に努めなければ、将来的に必ず苦しみを受ける。これが「因果応報」「善因楽果、悪因苦果」の趣旨である。

Q

がんばったのに結果がでない。心が折れそうだ。

「努力は必ず報われる。精進を続けよ」

Question 8

自力の大切さを説いたブッダ

がんばってもうまくいかないことが続けば、努力してもどうせ報われないと投げやりな気持ちになる。

しかし、ブッダは自力の教えを説いた。どんな人でも怠ることなく努力すれば必ず報われる。そのことについて大乗仏教のある経典にはこう書かれている。

「鈍根《どんこん》の者も精進《しょうじん》すれば尚生 死《なおしょうじ》に於《お》いて速やかに解脱《げだつ》を得、利根《りこん》も懈怠《けたい》せば則《すなわ》ち得ること能《あた》わず。又あらゆる今世《こんぜ》後世《こぜ》の世間出 世間《せけんしゅっせけん》の利は皆精進に因《よ》り、一切世間のあらゆる哀悩《あいのう》は皆懈怠に因る」

「鈍根」とは能力的に劣っていること。一方、「利根」は能力的に勝っていることだ。「生死」は人が生まれてから死ぬまでの人生。「解脱」は輪廻転生《りんねてんしょう》から解き放たれること、つまり、悟りの境地に至ることである。

つまり、能力がない人でもブッダの教えに従って精進（努力）すれば、この一生（生死）のうちに必ず悟りの境地に至ることができる。しかしながら、能力を十分にそなえた者でも懈怠すれば（怠けていれば）、解脱には至らないというのだ。

また、「今世後世」は現在と未来。「世間」はわれわれが生きる世俗的な世界のこと。「出世間」は世俗を超えた清浄な世界、悟りの境地のことだ。「哀悩」はさまざまな煩いや苦悩のことである。

つまり、現在も未来も、この俗世間でも清浄な世界でも、利（利益）は精進次第であり、世間のあらゆる苦悩はすべて怠けることに起因するという。

ウサギとカメの話のように分かりやすい話だ。どんなに高い目標でも努力次第で到達できる。

しかし、多くの人はそのことを忘れ、あるいは気がつかなくて、どうせ努力しても無駄だ、自分はそんな高みに登りつめることができるはずがない。それなら、努力するのはやめようと余計に怠惰な生活をするようになる。だがそれでは堕落するばかりだ。

「自分の務めを捨ててはならない。自分の目的を熟知して、自分の務めに専念せよ」

ブッダはそう言ってわれわれをふるい立たせる。

Q

いつか重い病気にかかるのではないかと不安だ。

「現実から目をそらしてはならない」

Question 9

何事にも逃げず、うろたえず

医学が高度になった現代においても、人間は病気から逃れることができず、大きな恐怖となっている。

ブッダは王子時代に王宮の外に出かけて病人を見て、この世で生きることが苦しみであることを痛感し、やがてその苦しみから解放される道を求めて出家することになった。

病気は貧富の差や地位、境遇などおかまいなしに誰にでも襲ってくる。日本でも古くから疫病の流行が脅威になっており、ひとたび流行すると天皇や貴族も感染して死にいたったものも少なくない。

また、中世のヨーロッパではペストが大流行し、数千万人が犠牲になった。現代でも人類はさまざまな伝染病やガンなど病の恐怖にさらされている。

ブッダはこの世の生存を「四苦八苦《しくはっく》」と考えた。そして、苦しみの重要なファクターのひとつに病を挙げた。実際、ブッダ自身も亡くなる数カ月前に病を得て苦しんだ。

重い病にかかったとき、誰もが動揺するだろう。たとえば、ガンの宣告を受け、余命幾ばくもないことを告げられたとしたら、それこそ目の前が真っ白になってしまうに違いない。

しかし、ブッダは「世の中のありのままの姿をとらえよ」と再三にわたって言っている。誰もが病から逃れられないのがこの世の真実（現実）であり、その現実を常日頃から心がけておくことが肝要なのである。

病気になって初めて健康のありがたさが分かるとよく言われるが、健康で過ごしているときには、自分が病に陥るとはなかなか思わない。しかし、そういった人がある日突然、病気になったときにはうろたえ、ただ、呆然とするばかりだろう。

一方、ふだんから、人はいつ病気にかかるか分からないと認識している人は、ついに来るべきときが来たかと考えるのではな

いだろうか。重要なのは病気という現実を正面から受け止め、それにどう対処するかだ。ただうろたえて自暴自棄になってしまっては、治るものも治らない。

もちろん、いざというとき、果たしてどれほど冷静でいられるかどうかはわからない。

しかし、ブッダの説く四苦八苦という真実をとらえていれば、少しは冷静な対応ができるに違いない。自分の病気ばかりではない。家族や親しい友人、恋人の病気についてもそれは同じである。

Question 10

Q

結局、どうしたら人は幸せになれるのだろうか。

「心を修めよ」

仏教最大のテーマは「心」

「心の畏《おそ》るべきこと毒蛇悪獣怨賊《おんぞく》よりも甚《はなは》だし」。ブッダはたびたび心は極めて制御し難いものであると言っている。そして、その心を落ち着かせることは、仏教の修行の最大の目的でもある。ブッダはこうも言う。

「心は常に動揺し、ざわめき、護り難く、制し難い。しかし、優れた智慧を持つ人はこれを克服して、常に心を正しい方向に向かわせる。弓をつくる人が弓の弦を真っすぐに伸ばすように」

たしかに心は定まらない。とくに何か問題にぶつかり、決断を迫られたりするときは、ブッダの言うように心は動揺し、ざわめく。そして、ともすれば間違った方向に向かう。そんな経験は誰もがしていることだろう。ブッダは心について矢継ぎ早に続ける。

「水中の住処から引き出されて陸に投げ捨てられた魚のように、この心は悪魔の支配から逃れようとしてもがきまわる」

前々から嫌いな人のことを考えているうち、しだいにその人物を陥れようなどと思うようになるかもしれない。そんなふうに心は悪魔に支配され、そこから逃れようと葛藤するとブッダは指摘する。

心を修めれば安楽が訪れる

「心は捉え難く、軽々とざわめき、欲するがままにおもむく」

「心は遠くに行き、独り動き、姿形なく、胸の奥の洞窟に潜んでいる」

衝動買いをしたことがある人も多いだろう。それこそ心は「欲するがままにおもむき、後のこと考えずに買い物をする。買った後にはたいして必要のない物だったことに気づき、お金だけ浪費してしまったことを後悔する。自分でも信じられないような考えが常に「胸の奥の洞窟に潜んで」いて、思わぬところで飛び出してくるのである。だからブッダは言う。

「智慧ある人は心を修めよ。修めたなら安楽が訪れる」

では具体的にどうしたらよいのか？

心を修めるには、ブッダの教えに従って戒律を守り正しい生活をし、坐禅（瞑想）をして心を落ち着ける訓練を繰り返せばよい。

ブッダは「心が安住することなく、正しい真理を知らない」人は悟りの境地に至ることができないと言う。「正しい真理」とは物事の真実の姿である。心が乱れて、正しい方向に向かっていないと、どうしても物事を曲解したり、誤解したりする。

そして、「心が煩悩(欲望)に汚されることなく、思いが乱れることなく、善悪について考えることなく目覚めている人には、何も恐れることがない」と続けるのである。

あれが欲しい、これが欲しいなどという煩悩(欲望)は心に起きるものだ。すると心は千々に乱れる。だから煩悩を理性の力で抑えることができれば、心は安らぎ、何も恐れるものはないというのである。それを達成した人の心は悪に向かうことがないので、善悪について考える必要もない。すなわち、その人の行いはおのずから善なのである。

Question 11

人と人

Q

相手の許せない一言で口論に。
腹の虫がおさまらない。

「怒りを捨てよ。腕のよい御者となれ」

怒りに身をまかせるな

他人から気に障ることを言われたり、侮辱されたり、あるいは理不尽なことを言われると怒りがこみあげてくる。ついカッとなって相手を罵倒し、口論になったり、しまいには暴力に訴えるケースもある。とくに若いうちは何かにつけて気に入らないことがあり、怒りをあらわにする人も少なくない。

しかし、年をとると、若いころに怒りっぽく、けんかっ早くて有名だった人がだんだん穏やかになるケースが多い。これは年齢を重ねるにしたがってさまざまなタイプの人に出会い、しだいに世の中は自分の思っている通りにはいかないことを認識するからだ。生きていれば、知らず知らずのうちに怒りを抑える訓練をしているということもできるだろう。ブッダは言う。

「走る馬車をうまく操るように、むらむらと起こる怒りを抑えることのできる人のことを御者《ぎょしゃ》と呼ぶ。うまく操ることができない人はただ手綱を手にしているだけだ」

仏教では、馬車をひく馬を不安定な心に、馬を操る御者を理性にたとえる。腕のよい御者がどんな荒馬も操るように、心をしっかり制御できる人になりなさい、ということだ。

もし手綱を持っているだけで馬を制御することができなければ、馬(心)のおもむくままになってしまう。その結果、感情にまかせて動物のように怒りをあらわにすることになる。

人は、感情を理性で抑える訓練を重ねることで、立派な御者となれるのだ。われわれは過ちや欠点を指摘されると、つい反発してしまう。しかし、反射的に対応するのではなく、グッとこらえ、間を置いてみることが必要だろう。

近年の学者は悟りのことを「人格の完成」という。人間には欠点がたくさんある。その欠点をひとつひとつ取り除いて完璧な人格を完成させれば、絶対的な平安の境地に安住することができる。それが悟りの境地だ。

怒りも大きな欠点のひとつ。まずは夫婦間や家族

間で何か気に障ることを言われたとき、言い返すのを抑えてみてはどうだろうか。言い返さなければ相手も言葉を失う。少し時間が経てば怒りもおさまり、平静な気持ちを取り戻すだろう。それを繰り返すうちに怒らない体質も身につく。

怨みの連鎖を止める

ブッダの肉声に近い言葉をおさめたとされる初期仏典は宗教的、哲学的というよりも、倫理的な色彩が強く、われわれがふだん忘れがちな当たり前の現実を再認識させてくれる内容が多い。

「怨《うら》みは怨みをもってやむことなし」

この言葉もその代表で、怨みに怨みをもって対すれば、その連鎖がとめどもなく続くことになると教えている。

かつて日本でおこなわれていた仇討《あだうち》は、怨みを晴らすことを目的にした。しかし、たとえ討たれて当然の者でも、討たれればその近親の者が新たな怨みを抱く。だから、怨みの連鎖は末代まで延々と続くことにもなりかねない。そんなことはちょっと考えれば

誰もが気づくことだが、なかなか実践できないのが人間の厄介な点だ。ブッダは「怨みは怨みを捨ててこそやむ。これは永遠の真理である」と言い、「われらはここにあって死ぬはずのものであると覚悟をしよう。――このことわりを多くの人々は知らない。しかし、それを知る人々があれば争いは鎮まる」と続ける。

「ことわり」とは世の中のありのままの姿(現実)。また、「多くの人々」とは賢者以外の人々という意味である。つまり、すべての人々が賢者のように現実をしっかり見据えれば、おのずから怨みはやみ、争いは鎮まるというのである。

かつて、サンフランシスコ講和会議でスリランカのジャヤワルデネ元首相が初期仏典の言葉を引用し、敗戦当時の日本に対する賠償請求を棄却したのは有名な逸話である。

また、聖徳太子の子である山背大兄王《やましろのおおえのきみ》は、蘇我入鹿《そがのいるか》一族との間で争いが絶えないことを憂慮し、「われわれが血脈を保ち続ければ、末代にいたるまで怨みが怨みをよび、果てしない戦いが続くだろう。父の聖徳太子は『和をもって貴しとなす』と言ったように、和合(平和)を何よりも希求された。その精神に照らして、われわれは一族の命脈を断とうではないか」と言って、乳飲み子まで含め一族郎党二〇数名が首をくくって最期を遂げた。血を残さないことで怨みの根元を絶ったのである。

Q

口うるさい知人がいる。
できれば付き合いたくない。

「過ちの指摘は、財宝のありかを教えてもらうに等しい」

Question 12

「和顔愛語」を心がける

人間は感情の動物であるという。何か気に障ることを言われると顔が曇り、ついキツイ言葉を吐いてしまう。売り言葉に買い言葉。しまいには仲たがいをして、怨みだけが残るということにもなりかねない。どうすれば、そんな状況をつくらずにすむのだろう？

仏教には「和顔愛語《わげんあいご》」という言葉がある。常に柔和な表情を浮かべ、優しい口調で話すという意味だ。

好きな友達や恋人の前でニコニコして優しい言葉をかけるのは簡単だ。というよりも和顔愛語はごくごく自然体で実践できる。しかし、あまり快く思っていない人と会ったときには、つい嫌な顔をしたり、相手が嫌がることを言ってしまうケースも少なくない。とりわけ、いちばん身近な家族の前では、遠慮がないだけに好き勝手なことを言ってけんかが始まる。とくに、夫婦の場合はやがて離婚ということにもなりかねない。

人は他人に欠点や過ちを指摘されると、無意識のうちに防衛本能がむき出しになる。いくら和顔愛語を実践しなさいと言っても、それが人間の本性なのだから難しい。しかし、実践しなければ人間関係は危うくなる。

実践の第一歩は我慢だ。「そんなこと分っている」「あなたにそんなこと言われる筋合いはない」などという人がいるが、先ずは即座に反発しないで意見を聞くことだろう。ブッダはこう言っている。

「罪や過ちを指摘してくれる人はとても賢い。出会ったら、素直にその人に従いなさい。その人は隠してある財宝のありかを告げてくれるような人だ。そういう人に従えば、善いことばかりあって、悪いことは起こらないだろう」

Q

人付き合いがわずらわしい。友人は必要か？

「善き友と付き合うことで人は成長できる」

Question 13

優れた友と付き合え

ブッダは「悪い友と交わるな。心の卑しい人と交わるな」ときつく戒める。最近あまり聞かれなくなったが「朱に交われば赤くなる」という諺《ことわざ》がある。悪い友達と交わっていると、彼らに引きずられて自分も悪くなってしまうという意味だ。ブッダは言う。

「(心の)劣った卑しい者になじむ人は堕落する。しかし、自分と同じ心を持った者と付き合う人は堕落しない。そして、自分より優れた者に近づく人は(心が)より優れた状態になる。だから、自分よりも優れた者と付き合え」

ブッダの言葉によらなくても、これは世の中の真理ということができるだろう。とはいえ、まわりが高潔で優れた人ばかりとは限らない。いや、むしろそういう人にはなかなか出会えないのが現実だ。付き合っても何の益にもならない、それどころか他人をおとしめようとする人さえいる。そこで、ブッダは次のように言う。

「智慧のある人が付き合ってはならないのは、信仰心がなく、物惜しみをし、二枚舌を使い、他人の破滅を喜ぶ人々である。そういう悪人たちと交わるのは悪いことだ」

「智慧のある人が友達として付き合うべき人々は、信仰心があり、気持ちのよい、素行のよい、学識豊かな人々である。立派な人々と交わるのは善いことだ」

「悪い友と交わるな。（心の）卑しい人と交わるな。善い友と交われ。尊い人と交われ」

要するに他人の悪口を言ったり、他人の不幸を喜ぶような人たちとは付き合うな。付き合っていて気持ちがよく、素行のよい人々と付き合え、ということだ。この言葉を参考に、友人関係をもう一度見直してみることをおすすめしたい。

友人をひどく傷つけ
後悔している。
今は疎遠となり
連絡もとれない。

Q

「懺悔し、正しい道を歩め。それが贖罪となる」

人は必ず罪を犯す

白装束に身を固めた人が「さんげ、さんげ、ろっこんしょうじょう」と称えながら山を登る光景を今でも見ることができる。

「さんげ」とは懺悔《ざんげ》のことで、過去の罪穢《けが》れを反省し、悔い改めること。「ろっこんしょうじょう」は「六根清浄」で、「六根」とは眼耳鼻舌身意《げんにびぜつしんい》、つまり視覚、聴覚、嗅覚、味覚、触覚の五つの感覚器官とそれを統括する心の働きのことである。

古くから人は山を聖地とみなしてきた。日本人は山の霊気に触れて過去の罪業《ざいごう》を懺悔すれば、六つの感覚器官が清められ、その結果、悟りの境地に近づくことができると考えたのである。

人間は生きていく上でさまざまな罪を犯している。そう言うと、「私は罪など犯していない」と反発する人もいるだろう。

しかし、よく考えてみれば、法的な罪は犯していなくても、過去を振り返ったとき、「あの人にひどいことを言ってしまった。さぞ悲しい思いをさせたことだろう」などと思い当たる出来事もあるに違いない。

相手と交流があれば、いつか謝ることもできる。しかし、もう疎遠になっていたり、さらには相手が亡くなっていたりしたら、どうすることもできない。

そんなときはひそかに懺悔して悔い改めるしかない。そして、そうすることによって罪は償われるのである。

善行は罪を洗い流す

ブッダは贖罪《しょくざい》についてこう言う。

「以前に悪いことをした人でも、善行を行って、それを積み重ねれば、世の中を照らす立派な人間になることができる」

つまり、過去を振り返って自分が犯した罪を認識する。その上で深く反省し、善行に励む。そうすることによって過去の罪業はしだいに薄れ、正しい道を堂々と歩くことができるというのだ。

仏教、とりわけ大乗仏教では懺悔は極めて重要な位置を占める。罪の意識を抱えたままでは悟りの世界に向かって進むことができない。

そこで、仏教教団ではブッダ（釈迦）の時代から「布薩《ふさつ》」という懺悔の日を定めていた。新月（一五日）と満月（三〇日）の日に修行僧たちが集まり、過去一五日間に犯した罪を告白するのである。

具体的には一五日間に戒律を犯したかどうかを告白し、その内容によって師匠が罰を決める。修行僧は罰を甘受することによって罪を償い、新たなステップに進むのである。

また、古くから在家の仏教徒には「六斎日《ろくさいじつ》」というものが定められていた。これは毎月八日、一四日、一五日、二三日、二九日、三〇日に自らの行いを反省（懺悔）して五戒《ごかい》を守り、善行を行うよう精進する日だ。

具体的には肉や魚などの生臭モノを食べない。ウソをつかない。邪な考えを起こさないように努めることである。

在家はだれに告白するか？

もっとも、過去の罪穢れを告白するといっても、在家信者のわれわれは誰にしたらよいのだろうか？

日本人の多くは仏教徒ということになっているが、多くの人は仏教を信仰している意識を持っていないのが現実だ。

たとえ菩提寺《ぼだいじ》があっても、葬儀や法事のときだけの付き合いで、ふだんから「私は敬虔な仏教徒です」という人は少ない。宗教について聞かれれば「いちおう仏教徒です」と答える日本人がほとんどではないだろうか。

だから六斎日などといわれ、日ごろの行いを反省（懺悔）したほうがよいと思っても、指導者もいなければ、そのやり方も分からない。

そんなとき、過去の罪業を告白する対象となるのが、じつは釈迦如来や観音菩薩などの仏像である。

「南無阿弥陀仏」「南無観世音菩薩」と、仏（仏像）に向かうときに「南無」という言葉を称える。このわれわれがほとんど意識しないで発している南無には、じつは非常に深い意味がこめられている。

南無はもともとサンスクリット語（インドの古い言葉）で「ナマス」といい、「帰命《きみょう》する」という意味だ。「帰命する」というと分かりにくいが、簡単に言うと「命を捧げます」。

つまり、「命をあずけてもかまわないほどご信頼申し上げているので、どうか仏さま助けてください」という意味である。

それほどに信頼できる仏の前では過去の罪業もわだかまりなく告白することができる。そして、懺悔して仏に許しを請うことによって身心《しんじん》ともに清められ、仏の教えに従って正しい道に導いてもらうのだ。

過去の罪業を告白するといっても、めったやたらな他人に告白するわけにはいかない。その点、仏(仏像)は全面的に信頼できる存在であり、じつは懺悔の対象であることこそが仏像の大きな存在理由でもあるのだ。

日本は仏像の宝庫である。国宝や重要文化財級の優れた仏像、一〇〇〇年以上にわたって厚く信仰されている仏像も多い。特別な信仰心を持っていなくてもよいから、たまには寺院にお参りして仏像の前で手を合わせ、しばし過去を振り返ってみることも、人生を歩む上で意義のあることに違いない。

Q

好きな人ができた。夜も眠れないほどだ。

「執着しすぎるな。憂いと恐れは愛から生まれる」

Question 15

愛は苦しみの根源

仏教で「愛」というと「愛執《あいしゅう》」「愛欲」のことで、苦しみの根元ととらえられている。ブッダはこの愛について、次のような厳しい戒めの言葉を示している。

「愛するものから憂いが生じ、愛するものから恐れが生じる。愛するものから離れたときに、はじめて憂いや恐れは消える」

「恋は盲目」という言葉がある。人を恋したとき、その一挙一動に神経をすり減らし、思い悩む。恋する人を失うのではないかと、常に恐れおののく。そんな心理状態で過ごしていれば、心は病み、いっこうに平穏は訪れない。だから、愛する者からは距離を置くべきだ、というのである。

これは他人を愛することだけではない。お金や物に愛着を抱くのも同じように苦しみの原因となる。それらから離れていれば、何も恐れることはない。だから、ブッダは無《む》一物《いちもつ》になって出家し、精神的な自由を獲得したのだ。

極端に偏るな

そこでブッダは「愛する人をつくるな」と厳しい態度でわれわれに迫ってくる。

「愛する人を失うのは災いである。愛する人も憎む人もいない人にはわずらいというものがない」

「さわらぬ神に祟りなし」ではないが、最初から人を好きになったり、物事に執着しなければ波風が立つこともなく、平穏な生活を送ることができるというわけだ。

とはいえ、この世は諸行無常である。出会いを断とうとすれば、深山幽谷に引き籠るしかなくなる。それではどうすればよいのか？

燃え盛る恋心を鎮めることは至難の業だ。ブッダ自身も王子時代にそんなどうにもならない恋心に悩んだのかもしれない。いや、そういう経験があったからこそ、すべてを投げ捨てて出家し、心の平安を求めたのではないか。

そして、ブッダは多くの人々からその苦しみを取り除くために、あえて厳しすぎる戒めをわれわれに課しているということもできるだろう。

ブッダは恋愛感情を抑え込んで、正しい道を歩むことは重要だと言っている。しかし、それはあくまでも最終的な理想である。

本書でもたびたび登場してきているように、仏教の基本的立場は「中道《ちゅうどう》」にある。つまり、両極端に偏らないということだ。

盲目的に恋の道を突き進むのも、感情を完全に抑えて禁欲生活をするのも極端な偏りである。どちらの道を進んでも、苦痛を伴うに違いない。だから、その両極から距離を置くことが肝要だ。われわれはたとえ人を愛したとしても、常にそうした冷静な立場を忘れずにいるべきなのだ。

ちなみに、ブッダは夫婦間や恋人同士の性的交渉まで禁じているわけではない。ブッダ自身、結婚して子どもをもうけているから、性的交渉をしたことは間違いない。

在家に向けられた五戒《ごかい》のなかに「不邪淫戒《ふじゃいんかい》」がある。配偶者以外の異性と交わってはいけない、つまり不倫をしてはいけないとある。

ブッダは恋人同士の性的交渉については語っていないが、思想の根幹にあるのは中道だ。だから結婚を前提としたカップルの性的交渉に関しては否定はしないだろう。しかし、愛のない肉体だけの関係は断固として禁じている。

夫婦関係、恋人関係で大切なことは？

Q

「それは互いを敬う心である」

Question 16

西方を拝するとき、妻を拝す

ブッダは二九歳のときに妻と別れて出家したが、夫婦関係については次のような言葉を残している。

昔、インドでシンガーラカというバラモン（インドのカースト最上位の聖職者階級）の子が、亡き父の遺命にしたがって毎朝、六方（六つの方角）を礼拝していた。

これを見たブッダが六方を父母、親友、夫婦、師匠、沙門《しゃもん》（僧侶）、婢男《ぬなん》（奴隷）になぞらえ、人との関わり方を教えた。そして、西方を礼拝するときには「妻を拝すると思うべし。夫は妻に家事をまかせ、妻は夫を敬って従うべきだ」と言ったという。

今の世の中でこんなことを言うと、女性の反発を買うだろう。しかし、この言葉はあくまでも夫婦関係の指針を示したもので、女性はこうでなくてはならないと説いたわけではない。

一方で、ブッダは夫が妻を敬する（敬う）ことについて、五つの意義を説いている。

第一は、妻の人格を尊重すること。第二は、妻を熱愛すること。第三は、金銭、衣服、装身具などを与えること。第四は、経済、家事、育児をまかすこと。第五は、妻の両親を敬愛すること。

この言葉を聞けば、ブッダの思想は古い男尊女卑だと憤り、反発を感じていた人も納得がいくのではないだろうか。要するに互いの人格を尊重し、それぞれ役割分担をして生活することが大切なのである。こういった態度は夫婦関係に限らず、恋人や友人などあらゆる人間関係について言える。

もちろん現実には心底から互いを尊重し、認め合うということは難しい。しかし、完璧ではなくても少しずつでもできれば人間関係が円滑になることは間違いない。よりよい関係を続けたいと思うならば、常日頃から相手を敬う心だけは忘れずにいたい。

Question 17

世間

Q

運命はあるか？

「ない。すべては因果関係で成り立つ」

因に縁が加わり結果が生まれる

ブッダは世の中のあらゆる出来事は因果関係で成り立っている、つまり、物事には必ず原因があるとした。

これを仏教では「縁起《えんぎ》」という。「縁起が良い」「縁起が悪い」などと言うときの縁起だ。たとえば、稲の種もみがあるとしよう。その種もみに一定の温度、湿度、空気、光などの条件(環境)が加わると発芽し、やがて実りの秋を迎えることになる。つまり、原因(種もみ)があってそれに一定の条件が加わると、結果(秋の収穫)が生じるのだ。

縁起は、正しくは「因縁生起《いんねんしょうき》」という。因(原因)に縁(一定の条件)が加わってその結果が生じる(生起する)のである。

最近はあまり言わなくなったかもしれないが、「因縁をつけられる」という言葉がある。電車が揺れた瞬間に誰かの足を踏んでしまった。その相手がたまたまこわいお兄さんで、誤っても許してもらえずに殴られた。そんなとき、家に帰って「今日はなんて運の悪い日だ」と嘆くだろう。しかし、仏教ではこれを「袖触れ合うも他生《たしょう》の縁」という言葉で説明する。

仏教では人は死んでもまた次の世に生まれ変わると説く（輪廻転生《りんねてんしょう》）。「他生」とは「前生《ぜんしょう》」、つまりこの世に生まれて来る前の生存（人生）のことだ。その他生でつくった原因にさまざまな縁が加わって、こわいお兄さんの足を踏んでしまったというわけだ。

もしかしたら戦国時代に生まれたとき、武士として合戦にのぞみ、斬り殺したのが、そのお兄さんだったかもしれない。だから今日の電車の一件が起こったのだと仏教では考える。

また、「縁は異なもの」というが、逆に良い縁で結ばれることもある。電車の中でたまたま若い女性に足を踏まれた。それが縁で言葉を交わすようになり、やがて結婚。子宝にも恵まれ、仲睦まじく連れ添っているなどという人もいる。

しかし、良い縁にしろ、悪い縁にしろ、これでは過去の行い（宿命）から逃れられない。自分の力や努力では運命は変えられないということになる。そのことから、因縁生起説は後世、仏教徒の間でも批判されることになった。

運命を決めるのは誰なのか？

前にも述べたが、ブッダは「不放逸《ふほういつ》にはげめ」と再三にわたって言っている。勝手気ままで自堕落な生活をするな。好きな物だけを食べていれば病気になる。ウソばかりついていれば信用をなくし、しまいには誰にも相手にされなくなる。今の行いは必ず将来に結果を残す。ブッダはそのことをよく考え、人はしばしば日々を反省し、正しい生活をしなさいときつく戒めている。

前生で何をしたかなどは分からない。それを他生の縁と言われても困る。おそらくブッダが言いたいのは、今生きている中での反省である。物心ついてからの人生は、自分がいちばんよく知っている。ときに立ち止まって自分がしてきた行為に思いをはせ、それが今の自分にどんな影響を与えているのかを考える。もし悪いところを見つけたらすぐに直していかなければならない。

今からでも遅くはない。日々の生活を正しい方向に持っていくことができれば、後に必ず良い結果がついてくる。運命とは今この瞬間の自分が決めるのだ。

Q

許される暴力もあるのではないか。

「すべての暴力は許されない。自分の身とひきくらべよ」

根本は慈悲の心

ブッダは暴力についてこう説く。

「すべての人は暴力におびえ、死を恐れる。自分の身にひきくらべて、殺してはならない。他人をして殺させてはならない」

「自分の身にひきくらべて」という言葉は、仏教の根本的な立場をあらわしていて重要である。

二章でも述べたように、仏教の根本には「慈悲《じひ》」という考えがある。「慈」は母親が子どもを無条件に愛するような優しさ、愛情を意味する。「悲」は人の悲しみや苦しみ、痛みを我が事のように受け止めるということだ。「自分の身にひきくらべて」というブッダの言葉はこの「悲」の概念に近い。

暴力を振るう側は、振るわれた側の痛みや苦しみを認識しなくてはならない。腹を立てていた相手を殴れば、そのときはスッキリするかもしれない。

しかし、殴られた側はけがをして、心に痛みをかかえるだろう。人間誰しも腹を立てるし、腹を立てたほうが正論を吐いている場合も少なくない。だが暴力は何の解決にもならないとブッダは教える。

怒りは人間の煩悩（欲望）の中でも手強いものだ。それを抑えることが必要である。そして、冷静に自分が殴られたときの痛み、苦しみを考える。これが慈悲の「悲」なのだ。

言葉の暴力にも報復がある

ブッダは言葉の暴力ついて次のように言っている。

「荒々しい言葉を吐いてはいけない。言われた人は言った人に言い返すだろう。怒りを含んだ言葉は言われた人に苦痛をもたらす。そんな言葉を吐いた人には報復が待っている」

実際に他人を殴ったり、傷つけたりする人は少ないかもしれない。しかし、他人を傷つける言葉を口にする場面は少なくない。そんなとき、言われた側は傷つき、中には自殺にまで追い込まれるケースさえある。

最近ではソーシャルメディアを使って特定の人間を誹謗中傷するケースが増え、いじめの温床にもなっている。また、ヘイト・スピーチという、ある特定の民族に対して罵詈雑言を浴びせかける行為も見られるようになった。それで言った本人たちは満足なのだろうが、やがてその報いは必ずやってくる。

「こわれた鐘のように、声を荒げて大音声で罵詈雑言を叫ぶことを止めれば、その人には安らぎが訪れる。なぜなら、その人は怒り罵ることがないからだ」

腹が立っても、それを堪えることによって心の平静を保つことができる。他人から怨みをかい、報復を受けることもない。人はそのように生きるべきだとブッダは教える。

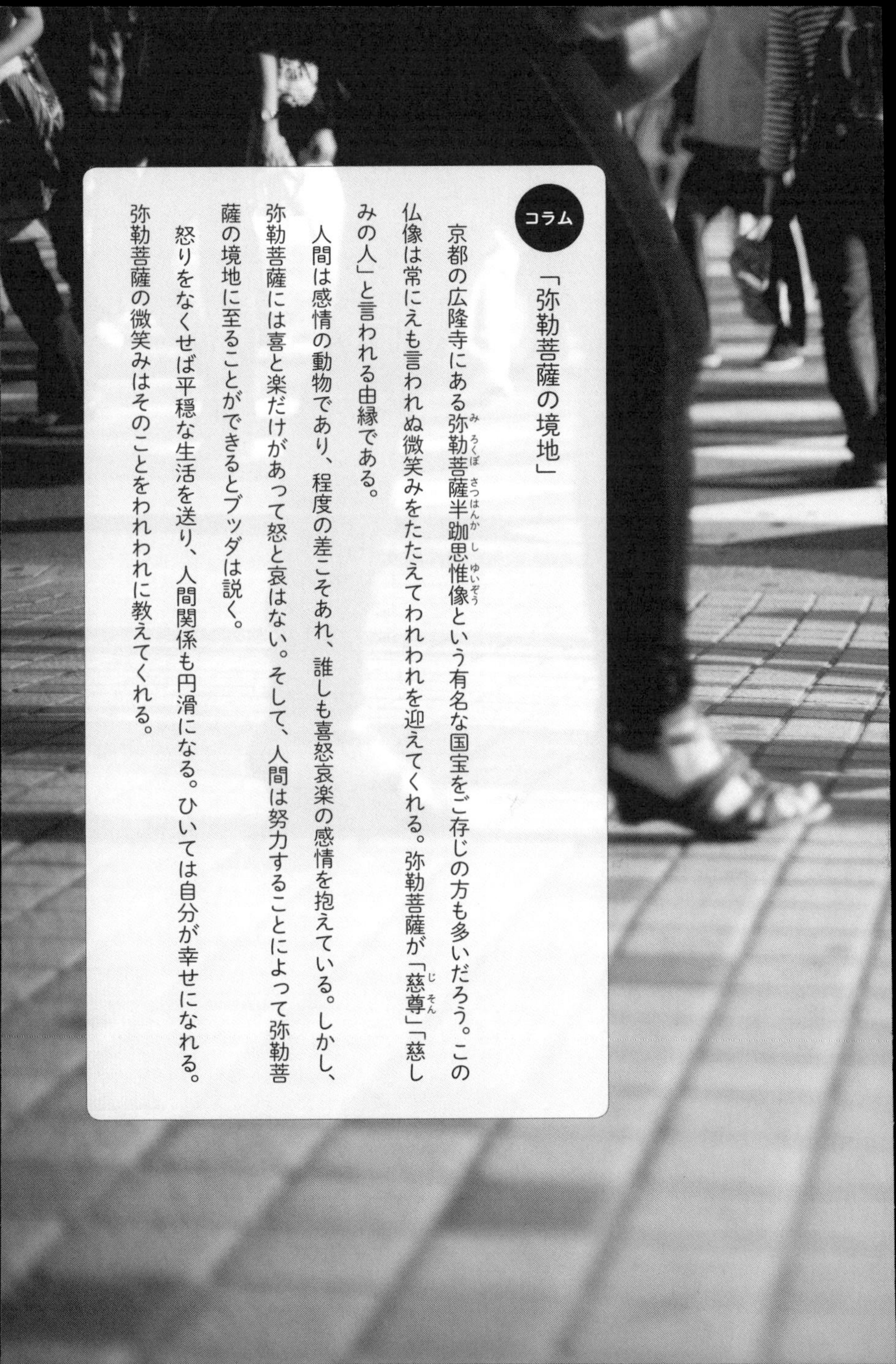

コラム

「弥勒菩薩の境地」

京都の広隆寺にある弥《み》勒《ろく》菩《ぼ》薩《さつ》半《はん》跏《か》思《し》惟《ゆい》像《ぞう》という有名な国宝をご存じの方も多いだろう。この仏像は常にえも言われぬ微笑みをたたえてわれわれを迎えてくれる。弥勒菩薩が「慈《じ》尊《そん》」「慈しみの人」と言われる由縁である。

人間は感情の動物であり、程度の差こそあれ、誰しも喜怒哀楽の感情を抱えている。しかし、弥勒菩薩には喜と楽だけがあって怒と哀はない。そして、人間は努力することによって弥勒菩薩の境地に至ることができるとブッダは説く。

怒りをなくせば平穏な生活を送り、人間関係も円滑になる。ひいては自分が幸せになれる。弥勒菩薩の微笑みはそのことをわれわれに教えてくれる。

Q

金もうけは悪か？

「蓄えてはならない。分かち合ってこそ財は生きる」

Question 19

すべてを捨て去ったブッダ

古今東西を問わず、多くの人々は熱心に利潤を追求してきた。とくに近年は拝金主義、金儲けを第一にする傾向が強まっている。

ここ三〇年ほどの間、ノーベル経済学賞を受賞したのはいわゆる金融工学といわれる分野の専門家が大半を占めている。彼らは株や先物取引の金融商品を研究して、いかに利ザヤを稼ぐかを日夜追求している。

今や世界は巨大なマネーゲームの舞台になり果てている。その反動として先のリーマンショックのような事態が起ったのだが、これから先もいつ経済が崩壊するか分からない。まさに薄氷を踏むような状況の中でわれわれは生きている。

たしかに人はお金がなければ生きていけない。国家も経済活動が停滞すれば存亡の危機に関わる。だから、今の日本でも先ず経済が優先され、政治家たちの多くはとくに大企業を優遇する。そして、大企業は利潤を追求するあまり、分配がおろそかになっていることも否めない事実だ。

経営者は将来の変化に備えることを理由になかなか儲けを賃金に転嫁しようとしな

い。人間は「たまればたまるほどケチになる」とよく言われるが、ほんとうにそのとおりだ。

ブッダは「財を蓄えるな」としきりに言っている。もともと王子だったブッダは地位、財産、家族や親類などすべてを捨て、無一物《むいちもつ》になって修行の旅に上った。そして生涯、その姿勢を貫いた。財を蓄えることに専念する者は心が卑しくなる。生まれた財(利潤)はそれを分配し、多くの人に還元してこそ生きてくるのだ。

執着から離れよ

王子という身分や財産、家族などすべてを捨てて出家したブッダにとって、金銭などはまったく関係がなかった。

とはいえ、在世当時、すでに多くの人々が彼に帰依《きえ》し、修行生活をともにして大きな教団を形成していた。その運営には多額の費用がかかったことは間違いない。現にブッダがたびたび説法をしたことで知られる竹林精舎《ちくりんしょうじゃ》や祇園精舎《ぎおんしょうじゃ》は長者や国王の寄進(寄付)によって成り立っていたのである。

ただ、ブッダは布施によって得た財を蓄えたりすることなく、将来世のため人のために働く修行僧の育成に使った。修行僧には三衣《さんえ》一鉢《いっぱつ》といい、簡素な衣服と托鉢《たくはつ》の際に食べ物を受け取る鉢（容器）だけを私物として認めたのである。

ブッダは「物事への執着を捨てよ」と繰り返し言っている。金や物にこだわると、際限もなく欲望が広がっていく。あるが上にも求めて、それが手に入らないと四苦八苦の「求《ぐ》不《ふ》得苦《とくく》」に陥り、もがき苦しむことになる。ブッダはそんな人間の性を憂慮して、人が幸せに暮らすためには執着を離れろと説く。

「少欲知《しょうよくち》足《そく》」という言葉がある。

腹八分目。たとえ少なくても、それで満足することで心に平安が訪れる。もし、お金や物が余ったならば分かち合う。それが、豊かなものが貧しいものに施す布施の精神である。みながその精神を持てば貧富の差はなくなり、争いも起きない。

もちろん現実の世の中はそう甘くはない。しかし、人間とは本来そうあるべきだとブッダは厳しく指摘する。

コラム

「捨聖・一遍上人」

鎌倉時代に時宗《じしゅう》の基を築いた一遍上人《いっぺんしょうにん》は「捨聖《すてひじり》」と呼ばれた。三二歳で伊予松山の実家を飛び出してからほとんど無一物で南無阿弥陀仏を称えながら全国各地を行脚したことで知られる。その姿に共鳴した人々とともに旅をし、少ないときでも数十人、多いときには二〜三〇〇人の信者が同行したという。

人間は無一物で生まれて、無一物で死んでいく。しかし、生きていくうちに財産や地位、家族や友人などさまざまなものに縛られ、ときにがんじがらめになって生きなければならない。先ごろ、「断捨離《だんしゃり》」という言葉が流行った。あまり感心した響きの言葉ではないが、物に執着し、捨てようと思ってもなかなか捨てられないのが人間の性であることは間違いない。

一遍は捨てることに徹した人だ。ブッダも言っているが、人間は何かに執着するから悩む。それが重荷になるのだ。これらを捨てたとき、心は解放されるのである。

五一歳でこの世を去った一遍は最後にわずかな経典と必要最小限の私物を携えていたというが、亡くなる数日前にそれらも捨てて、経典は焼き捨てたと伝えられている。僧侶にとって大切なはずの経典を焼き捨てるとは、解せない感もある。しかし、経典に対する執着も離れて、完全に自由の身となって最期のときを迎えたのだ。

徳川家康は「人生は重荷を負うて坂道を上るが如し」という言葉を残した。一遍上人のようにはいかないが、重荷は少しでも減らすにこしたことはない。

Q

子どもをどう教育するべきか？

「悲の心を持ち、話に耳を傾けよ」

Question 20

子の痛みを我が痛みとする

親にとって子どもを教育し、立派な大人に育てることは至上の義務である。ところが、とくに幼少期や思春期の子どもを教育することはまさに至難の業でもある。何気ないひと言が多感な心を傷つけ、その後の進路や人生を大きく変えることにもなりかねない。

子どもに相対したとき、いちばん大切なのはその心をよくよく理解するということに尽きる。慈悲の精神、とりわけ「悲」の心をもって対することが重要だ。

先にも述べたが、ブッダは僧院で修行僧が病気になったとき、できれば病気の経験のある修行僧が看病するのが望ましいと言った。「同病相あわれむ」である。他人の痛みや悲しみを我が事のようにとらえ、親身に相談に乗って助けの手を差し伸べる。それが慈悲の精神である。

人はみな幼少期を過ごしてきている。しかし、自分自身が子どもだったときの精神状態をとうに忘れて大人になる。だから、我が子が不満を言ったりすると、「わがままを言ってはいけない」「そんな子どもじみたことを言ってはいけない」、あるいは「黙れ！」

などというきびしい言葉を浴びせてしまう。

もちろん、親は誤りを指摘して正しい道に導いてやらなければならない。そのためには、子どもにとってきびしい言葉を吐かなければならない場面も当然あるだろう。しかし、それは子どもの心情、精神状態をよくよく把握した上でなければならない。子どもが不満や不安を訴えるとき、そこに重大な問題が隠れている可能性もある。わがままを言ってむずかっているようでも、それは何らかのシグナルかもしれない。

人とのコミュニケーションにおいて、仏教では「和顔愛語《わげんあいご》」で接することが重要だと教える。これは子どもに対してもまったく同じである。

たしかに子どものわがままは大人にとっては理屈がとおらず、また他愛もない内容であることが多い。しかし、それを優しい態度で真剣に聞いてあげれば少なくとも子どもは満足する。すると、やがて自分の誤りにも気づき、自発的に直していくだろう。非の心を持ち、こちらが和顔愛語で真摯に応対すれば、子どもは必ず応えてくれるはずである。

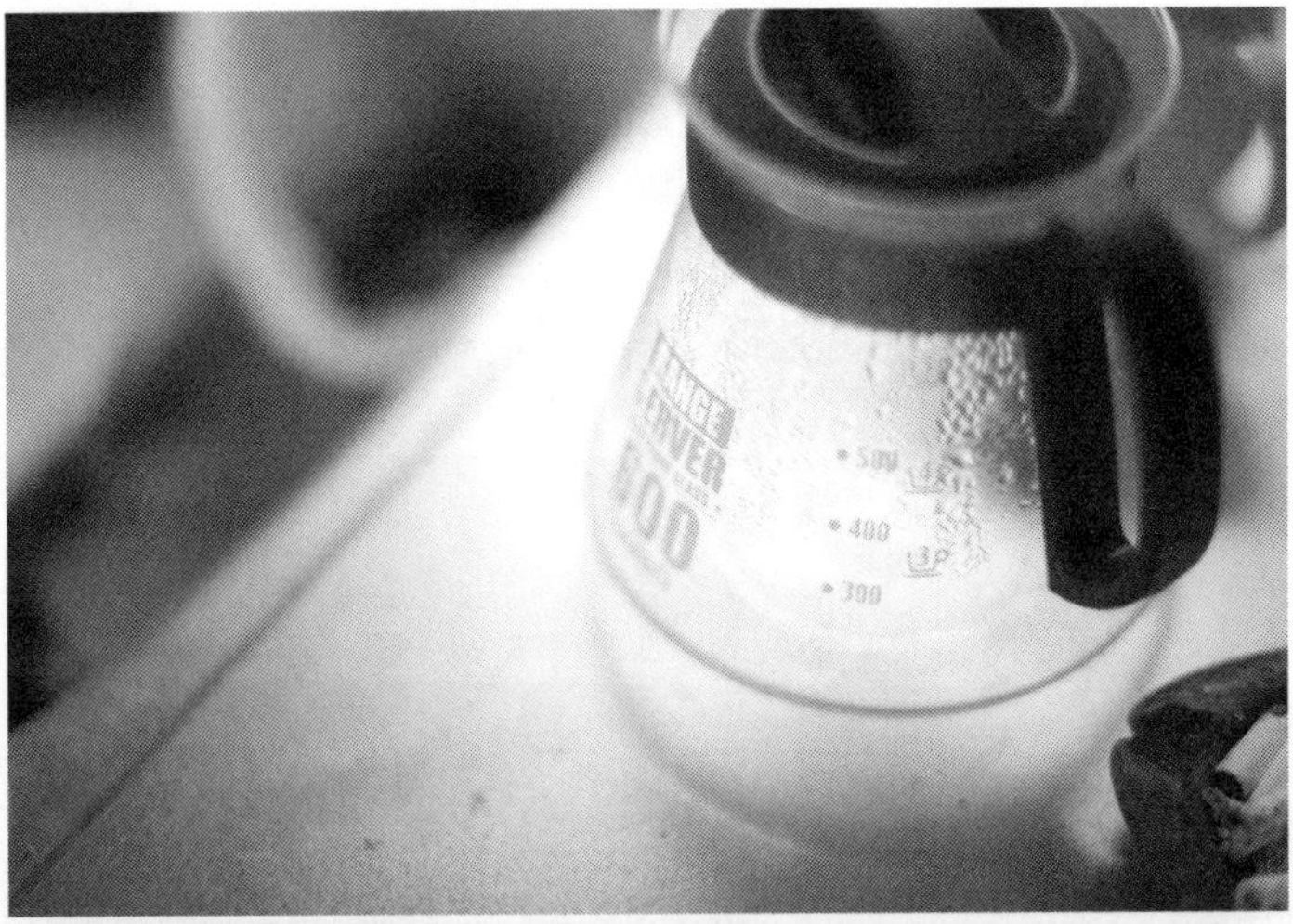
500
400
300

コラム

「何のために勉強をするの？」

子どもがちっとも勉強をしない。これもまた親の悩みだろう。いくら勉強をしなさいと叱ってもなかなかやらない。逆に「なんで勉強をしないといけないの？」と問われ、思わず答えに窮してしまう。ブッダは学ぶことについて、こう述べている。

「（われわれ人間は）正しい教えを聞いて（勉強して）さまざまな事柄を識別する。教えを聞いて悪いことをしないようになる。正しい教えを聞いてためにならないことを避けるようになる。正しい教えを聞いてさまざまな束縛（執着）から解放される」

「真っ暗な部屋に入ると、正常な視力を持った人でも、部屋の中にさまざまな素晴らしいものがあったとしても、それらを見ることができない。しかし、明かりがつくとそれらを見ることができる。同じように人は正しい教えを聞いて（勉強することによって）善悪などさまざまな事柄を判断することができるようになるのだ」

ブッダは勉強して得た知識や知恵をすべてのものを照らし出す光にたとえている。もちろん、受験や就職も勉強（学問）のひとつの目的になる。

しかし、勉強する本来の目的は世の中の真実を知ることにある。真実を知ることによって人は無知から生ずるさまざまな妄想に怯えることなく、また、善悪をしっかり判断して平穏で豊かな生活を送ることができる。

入試に合格するため、あるいは、就職するためだけに勉強（学問）をするのではない。ブッダは世の中の真理（現実）を正しく理解し、充実した人生を歩むために学問があるのだと言っている。

Q

ズバリ、死んだらどうなる？

「考えてもしかたのないことは考えてはいけない（無記）」

Question 21

あの世は世界の関心事だが……

古今東西を問わず、人類はあの世についてさまざまな考えをめぐらせてきた。キリスト教やユダヤ教でいえば天国と地獄。仏教でいうと極楽浄土や地獄だ。

宗教は、人があの世でどういう暮らしができるかを熱心に考えることによって発展してきたともいえる。そして、仏教でいう因果応報《いんがおうほう》のように、悪いことをすると地獄へ行き、善いことをすれば天国（極楽）に行けるという図式をつくった。それは人間社会の倫理観を保つのに役立っている。

一方、ブッダは死後の世界（あの世）や霊魂について一切、考えてはいけないと言った。古くから「幽霊の正体見たり枯れ尾花」というように幽霊（霊魂）の存在は誰も見たことがない。そして、あの世についても誰ひとり行って帰って来て、その光景を話したという人はいない。

もっとも近年、話題の臨死体験をした人はいるようだが、これも科学的に実証されているわけではなく、ブッダが言うように死後の世界があるかどうかは分からない。だから、ブッダはそういう不確定なものを詮索してはならないと厳しく戒めたのである。死後のことよりも目の前の現実をしっかり生きることの重要性を繰り返し説いている。

「怠けてはならない。善い行いを実践しなさい。善い行いを実践する人は、この世でもあの世でも安楽に暮らすことができる」

誰しも死後どこに行くのかは気になる。しかし、そんなことばかり考えていたら日々の生活がおろそかになる。仏教は生きている人間のための教えだ。神のいない宗教だ。今、現実に生きている人間がいかにその人間性を高められるか。それが仏教の目的である。

では、なぜ極楽浄土があるのか？

ブッダはあの世の存在を考えるなと言ったのに、なぜ極楽浄土のような死後の世界が考え出されたのだろうか。

ブッダはあの世のほかにも霊魂の存在、時間の始まりと終わりがどこにあるのか、宇宙の果てはどこにあるのかなどという問題は、考えても答えが出ないので考えるなと言った。これを「無記《むき》」という。肯定も否定もしない、いわゆる思考停止だ。

しかし、太古の昔から人類は死後の世界（あの世）についてさまざまに思いをめぐらせてきた。たとえば古代エジプトでは『死者の書』がつくられ、死者の墓に埋葬され、亡き人の冥福を祈った。そこには、死後の楽園アルに行くまでの行程と道しるべが記され、冥界で受ける裁きの場で裁判官オリシスに真実を語れば楽園アアルに行くことができ、ウソをつけば人の魂を食らう幻獣アメミットに喰われて二度と転生できないことなどが詳しく書かれていた。

また、キリスト教でもイスラム教でも、さらには世界のあらゆる宗教が天国と地獄といった死後の世界を描き出しているのである。そして、仏教でも、ブッダがあの世のことは考えるなと厳しく戒めたにもかかわらず、極楽浄土のような世界が考えだされた。

仏典にはブッダの説法を聞く相手として「善男子《ぜんなんし》、善女人《ぜんにょにん》(善男善女《ぜんなんぜんにょ》)」という聴衆がしばしば登場する。これは単なる外見だけの紳士淑女の意味ではない。「生まれもよく、育ちもよく、聡明な人々」が「善男善女」だ。

するとブッダは上流階級だけに教えを説き、庶民は相手にしなかったと誤解されるかもしれない。

たしかに、この場合の善男善女は当時のインドで上流階級の人を指しているが、もち

ろんブッダが庶民を相手にしなかったわけではない。

善男善女とは裕福な家庭に生まれて、行いも正しく、信仰心も厚い人々のことだ。今でもそうだが、残念ながらある程度の財力がないと高い教育は受けられない。良い家庭に生まれ育ち、きちんと教育を受け、品行方正で信心深い善男善女に対しては、ブッダは霊魂の存在や死後の世界のことを考えるなと言った。つまり、教えの本質を説いた。

しかし、世間一般の多くの人々は教育も受けられず、信仰心はあっても本質的なことを理解するのは難しい。彼らは民間信仰や世俗の因習にとらわれて生きている。そうした一般庶民に対しては、霊魂やあの世（死後の世界）があることを前提として説いた。つまり、ブッダの説法は二重構造になっていたのである。

「ウソも方便」という言葉があるが、ブッダは聞く人の能力や日ごろの行いの善し悪し、信仰心の深さなどによって切り口を変えて説法していた。

そのようなブッダの基本的なスタンスを受け、大乗仏教の時代になると、死後の世界（極楽浄土）についてもさまざまに語られるようになったのである。

極楽浄土とはどんな世界か？

大乗仏教の代表的な経典である「浄土三部経《じょうどさんぶきょう》」には、阿弥陀如来の極楽浄土の様子と阿弥陀如来の功徳について詳しく述べられている。

それによると、極楽浄土はわれわれが住んでいる娑婆《しゃば》世界（地球）から西に向かって十万億土《じゅうまんおくど》の彼方にあるという。

十万億土の「土」は仏国土《ぶつこくど》、つまりひとりの仏が治める国土のことで、太陽系ぐらいの大きさだ。「十万億」は一億の十万倍という意味で、極楽浄土は地球から一億の十万倍の仏国土を過ぎたところにある。それは天文学的なとてつもない距離になる。

これはもちろん実際の距離ではないが、想像を絶するような美しい楽園は、想像を絶するほど遠いところにある。つまり、われわれの住む俗世間からは完全に隔絶された世界、それが極楽浄土なのである。

浄土三部経には極楽浄土の光景も克明に記されている。極楽浄土には、ハスの花が咲き誇る美しい池があり、その後方には大きな舞台がある。舞台の中央にはひときわ大きな阿弥陀如来が座って教えを説き、両脇には観音菩薩と勢至菩薩《せいしぼさつ》が、その前方には多くの菩薩たちが従い、説法を聞いている。

そしてわれわれ人間は池に咲くハスの花の中から生まれ出てくる。これが「極楽往《ごくらくおう》生《じょう》」だ。極楽往生した人は二度と娑婆世界に生まれて苦しみを受けることはないという。

われわれは死んだ後どうなるのか。誰もが心配だ。世界の宗教は天国や地獄を想定して、死後の世界の案内図をつくってくれた。ブッダはあの世について考えるなと言ったが、時代が下るとやはりその案内図が必要となった。そして、その案内図が多くの人々を救うことにもなったのだ。

Q

社会のために何かしたいが、自分の生活で精一杯だ。

「他人に親切にすることも立派な布施である」

Question 22

布施は金品だけではない

在家信者の修行について書いた「六波羅蜜《ろくはらみつ》」では、最初に「布施」が挙げられている。現在の日本でお布施といえば、お寺に納める金品のことで、ほとんどの場合、お金を包んで持っていく。しかし、布施は金品ばかりではない。

布施には「財施《ざいせ》」「法施《ほうせ》」「無畏施《むいせ》」の三種類がある。

財施とは、字のごとく、豊かな人が貧しい人に金品を施すことだ。

法施とは、法、つまり教えを施すことである。豊かな心と教養を身に付けた人が心貧しく、教養のない人を教え導く。僧侶が檀家のためにお経を読んだり、法話をするのも法施にあたる。

無畏施とは、人の恐れを取り除き、安心させることだ。ある人がはじめて全身麻酔で手術をすることになった。誰しも不安になる。そのとき見舞いに来た人が「今の医療技術だったら何の心配もいりませんよ」と言葉をかけてくれれば、たとえその人が医者でなくても不安を取り除くのに大いに役立つだろう。

逆に医者がそれまでの麻酔事故の事例などを論じて、麻酔失敗の可能性を告げれば、それが医学的な根拠に基づいた事実であっても患者の不安をあおるばかりだ。「ウソも方便」。相手を安心させることが無畏施である。たとえ自分に財力がなくても、これも立派な布施となる。

布施と仏教

豊かな者が貧しい者に施すのが布施の精神の基本である。しかし、人に施すことをなかなか実践できないのが人間の性《さが》でもある。施しの精神などまったく忘れて蓄財に血道《ちみち》を上げている人が多いのが現実だ。

現在、世界の人口の六パーセントの人が

八四パーセントの食料を消費しているという。つまり、九四パーセントの人間が一六パーセントの食料を分け合っていることになる。アフリカなど発展途上国で深刻な食糧不足や飢餓に見舞われるのも当然なのだ。

「人はたまればたまるほどケチになる」というが、ブッダはそういう人間の本性を観察し、自分だけがため込むのではなく、他人に配分しなさいと説く。

施しの精神は仏教に限らずキリスト教やイスラム教など、他の宗教にも見られるが、これを在家の修行として最初に掲げたのは仏教だけだ。そこにブッダを開祖とする仏教の真骨頂があるといえる。

コラム

「貧者の一灯」

ブッダがある町で説法をしたときの話。ひとりの長者が一万本のお灯明を献上して説法の会場を昼間のように明るく照らした。そこにやって来た貧しい老婆が一本のすり減った蝋燭を供えた。老婆の姿に気づいたブッダは、「あなたの一灯(一本の灯明)は長者の一万本の灯明に勝るとも劣らないほど尊いものだ」と言って、老婆の布施の精神を讃えたという。

この話は「長者の万灯、貧者の一灯」と呼ばれ、布施の精神の大切さを訴える逸話として尊重されている。布施は金額や量ではない、その精神が尊いのだ。布施をした人には平等に大きな功徳がある。

Q

こんな自分でも、変わることができるのだろうか。

「できる。人は皆純粋な精神を宿している」

人は誰もがブッダになれる

ブッダは人間はすべて生まれながらにして善なる存在だという「性善説」に立ち、人間の心の奥底には極めて純粋な精神性が潜んでいるとする。

これを大乗仏教では「仏性《ぶっしょう》」と呼んでいる。仏性とは仏になる可能性、素質という意味だ。

「仏」という言葉はブッダに由来し、ブッダの音写《おんしゃ》（サンスクリット語の音を中国語の音に移して訳すこと）である仏陀の略だ。だから、もともと仏といえばブッダを指す言葉なのである。しかし、日本ではこの「仏」という言葉にさまざまな意味が与えられている。

たとえば、ふつう日本人が「仏さま」といえば先祖のことを指すことが多い。「（仏壇にまつってある）仏さまにお茶を上げましょう」と言ったとき、その「仏」にはブッダの意味はほとんど含まれていないだろう。先祖、しかも記憶に新しい先祖が「仏さま」として意識されているのだ。

あるいは警察などで「仏さん」といえば、事件などの被害者のことだ。さらには「仏さま」というと寺院にまつられている釈迦如来や観音菩薩などの仏像を指すことも多い。

このように日本人は仏という言葉をさまざまなシチュエーションで異なった意味でとらえている。しかし本来、仏性の「仏」はもっと抽象的な概念で、すべての人間に具わっているブッダの性質という意味なのである。

生まれながらの精神性は変わらない

時代や地域を問わず、人は生まれながらにして純粋な精神性（仏性）を持っている。つまり、誰もがダイヤモンドの原石をひとつずつ持って生まれてくる。

生まれたばかりの赤ん坊の瞳はみな限りなく澄んでいる。しかし、五、六歳ごろから自我が芽生えてくると、その精神性が少しずつ曇り、澄んだ瞳も陰りはじめる。やがて一五、六歳になるとすっかり自我が固まり、自分はこういう性格で、こういう人間なのだと思い込むようになる。

しかし、じつは生まれながらの精神性はまったく変わっていないのである。生活環境など、さまざまな要因で性格や人間性が決定づけられ、その結果、人生にさまざまな障害が出ることになる。ブッダはそこを鋭く指摘して、一度立ち止まり、本来の自分自身を見直せといっている。

そのためには今の生活を変え、ブッダの教えに従った正しい生活をすることだ。すなわち、戒律を守って心を散乱させないようにするのである。その実践によって本来の自己が見えてくれば、自分自身を変えていくことができる。

Q

修行で超人的な力が身につくと聞いた。

「それは目的ではない。決して使ってはならない」

Question 24

仏教における六つの神通力

神通力《じんづうりき》とは厳しい修行の結果、得られるという一種の超能力、あるいは奇跡である。

インドでは古くからこのような超能力や奇跡があるといわれてきたが、仏教でとくにこれを重視するようになった。仏教では「六神通《ろくじんづう》」といって、神境通《じんきょうつう》、天眼通《てんげんつう》、天耳通《てんにつう》、他心通《たしんつう》、宿命通《しゅくみょうつう》、漏尽通《ろじんつう》の六項目を挙げている。

「神境通」はそこに行きたいと思う場所に自由自在にあらわれることができる力。「天眼通」はどんなに遠くのものでも見ることができる能力。いわゆる千里眼だ。

「天耳通」はどんなに離れていても、発した声や音を聞くことができる能力。「他心通」は他人が考えていることが分かる能力で、いわゆる読心術である。

「宿命通」は前世のことを知る能力。そして「漏尽通」の「漏」は煩悩のことで、「尽」はそれが尽きること。つまり、自分が修行を完成し、煩悩を滅し尽くして二度とふたたび輪廻転生してこの娑婆世界（迷いの世界）に戻ってこないことを明確に自覚することである。

Question 24

神通力を厳しく戒めたブッダ

このような能力が現実に得られるかどうかは定かではないが、厳しい修行の結果、常人をはるかに超えた能力を身につけられることがあるようだ。

しかし、そのような超能力はいわば修行の副産物で、それを獲得することが修行の目的ではないし、獲得した力を人前で披露するような類のものでもない。ブッダはたとえ神通力を得たとしても、それを人前で披露してはならないと厳しく戒めた。

言うまでもなく修行の目的は悟りの境地にいたることにある。しかし、神通力を目の当たりにした凡人は、それに驚嘆し、神通力の獲得が修行の最終目標と取り違えかねない。つまり、仏教が目指す本来の目的を見失って、あらぬ方向へ行ってしまうのである。

超能力や奇跡をひけらかして人心を惹こうとするインチキ宗教は古来、後を絶たない。それらは、たいていマジックのようなものを駆使して人を惹きつけ、お布施などと称して高額の金を巻き上げる。

キリスト教などでは神が奇跡を起こすと言うが、本書でも何度も述べた通り、仏教は神のいない宗教だ。だから、奇跡などあり得ない。一人ひとりがこつこつと戒律を守って、修行していればやがては悟りの境地にいたることができると説く。だから、神通力もたんなる修行の副産物と考える。

もちろん、なんらかの神通力を獲得することはそれだけ厳しい修行に耐えて、次元の高いステージの登ったことのあかしにもなるだろう。

しかし、それを人前でひけらかせば本来の目的とは違ったところで求心力を得てしまう。このことを重々承知していたブッダは、神通力を使うことを厳しく禁じたのである。

コラム

「ブッダは最後に神通力を使った？」

ブッダは神通力を用いることを固く禁じた。ところが、ブッダの最後の旅について記した「大般涅槃経《だいはつねはんぎょう》」という経典には次のような逸話が語られている。

ブッダは亡くなる三カ月ほど前、もう一度故郷に帰りたいと思い、最後の旅に出た。途中で貧しい鍛冶屋のチュンダという青年の招きを受けた。しかし、そこでご馳走になった料理がもとで、激しい下痢と嘔吐に悩まされた。

脱水症状になったブッダは激しい喉の渇きを訴え、付き添っていた弟子のアーナンダにすぐ近くの河に行って水をくんで来てくれと頼む。これに対してアーナンダは、「今その河を五〇〇台の商人の馬車が渡って、河の水はにごっています。少し離れたところの河まで行って水をくんできます」と答えた。

すると、ブッダはそんな遠くまで行っていては待ちきれないから、近くの河でくんできなさいと言う。アーナンダは再びその河の水はにごっているから飲めませんと答える。そんな応酬を三度にわたって続けたが、しまいにブッダはアーナンダを叱責して、どうしてもすぐに水をくんでこいといって聞かない。

アーナンダはしかたなく言われたとおりにすぐ近くの河に向かった。すると、にごっているはずの水が澄みきっている。不思議に思いながらアーナンダは水をくみ、ブッダに差し出した。ブッダはその水をごくごくと飲みほし、一息ついた。じつはこのときブッダは神通力を用い、にごった水をにわかに澄みきらせたのだという。

ブッダは三五歳のときに悟りを開き、精神的にはすっかり自由になった。しかし、八〇歳で亡くなるまで肉体的苦痛や生理的欲求に見舞われることはやはりあったのかもしれない。そして、最後にさすがのブッダも耐えかね、自ら絶対的にタブーとした神通力を使ってしまったのだ。

これはもちろん伝説的な話で、史実ではない。しかし、この逸話には人間の煩悩の深さが強烈にあらわれているともいえるだろう。

Q

理想の人生とは？
どう年齢を重ねるべきか？

「執着を離れ、最後に心の自由を獲得せよ」

Question 25

インドの四住期

近年は平均寿命が延び、若年はともかく中年・老年の区分が昔のようにはいかなくなってきている。

かつては、日本でも適齢期になれば結婚して新たな家庭を築き、子どもをもうけ、サラリーマンでも自営でも六〇歳ぐらいまで働いて引退し、老後の生活を送るというひとつの指針があった。

インドでもブッダが生まれるはるか以前からそのような指針があった。これを「四《し》住期《じゅうき》」という。人生を「学生期《がくしょうき》」「家住期《かじゅうき》」「林住期《りんじゅうき》」「遊行期《ゆぎょうき》」の四つの時期に分け、そのときどきにどのように過ごすかが示されており、ヒンドゥー教の人は今もその四住期を重んじている。

最初の学生期は幼少時代で、勉学に励む時期だ。そして青年期になって適齢期を迎えると結婚して子どもをもうけ、家庭を築く。それが家住期だ。

やがて子どもも一人前になって、中年から初老を迎えると、家庭のことは子どもたちにまかせて静かに隠居生活をする。喧騒を脱した森の中で静かに過ごすことから、この時期を林住期と呼ぶ。

ここまでは、どこの国でも同じような指針があったが、次の遊行期がインド独自の慣習である。

遊行とは住居を定めず、各地を巡って旅をすることである。巡礼は日本の四国遍路やイスラム教のメッカ巡礼など世界中で今も行われている。これらの巡礼は目的地を巡ると再び自分の家に帰って行くのだが、インドの伝統的な遊行は違う。ひとたび、家を出て遊行期に入ると、死ぬまで巡礼を続けるのだ。

ブッダも学生期、家住期を過ごし、それから林住期を飛ばしていきなり遊行期に入った。そして、二九歳で出家して、八〇歳で亡くなるまで四五年間にわたって遊行を続けた。

遊行とは執着との決別

インドでは最後に遊行期をもうけ、これが重んじられるのは、あらゆる物事に対する執着を離れ、心の自由を獲得しようとするからである。

ブッダも王子としての地位、王族の財産、家族や友人などすべてを捨てて、無《む》一物《いちもつ》で一所不住の旅に上った。その結果、三五歳のときには偉大な悟りを開き、完全な精神の自由を獲得した。

インドでは今でも遊行期に入って人生の晩年を過ごす人が少なくない。中にはかつて相当な地位にいた人が遊行生活に入ることもあるという。インドでは二〇キロから二五キロごとの一定の区間にヒンドゥー教などの寺院があり、そこに行けば誰でも宿泊でき、簡素だが食事を摂ることもできる。

また、遊行者に食事などを施すことは功徳になるという考えから、裕福な家庭で遊行者を招いてご馳走することもある。

人は独り生まれ、独り死んでいく

ブッダは人や物に対する執着から離れろと再三にわたって言っている。執着は煩悩（欲望）である。それが心を虜にし、悟りの境地（心が完全に自由を獲得すること）からどんどん遠ざけて行くのだ。さらにブッダは心に執着を持っている人は永遠に輪廻《りんね》転生《てんしょう》を繰り返すとも言っている。

また、ブッダは「人間は独りこの世に生まれて来て、独り死んでいく」「他人の行いを見るな」と説く。

人と接するから他人のことが気になってくるのだ。長く付き合っていれば、愛憎の感情も醸成されてくるだろう。

しかし、遊行生活で出会う人はそれこそ一期一会《いちごいちえ》だ。そう思えば他人の行いも気にならなくなる。少し親切にされたり、優しい言葉をかけられれば、それが良い思い出として残り、心豊かに過ごすこともできる。

日本の場合、林住期まではよいとしても、遊行をすることは現実的にはなかなか難しい。しかし、昔から四国遍路や西国をはじめとする三十三観音霊場など巡礼の伝統がある。リタイヤして時間に余裕ができたらそういった霊場巡りをするのもよいだろう。しばし浮世のしがらみから離れ、心静かな時間を過ごせば、今までとは違う視点で人生を見つめ直すことができ、心の自由を得られるに違いない。

Question 25

瓜生　中（うりゅうなか）

一九五四年東京生まれ。早稲田大学大学院修了（東洋哲学専攻）。仏教・東洋思想研究者として執筆、講演などを中心に活躍。『死んだら何処へ行くのか』（PHP文庫）『ブッダの言葉　生き方が変わる101のヒント』『知っておきたい日本の神話』（角川ソフィア文庫）『知識ゼロからの仏像鑑賞入門』（幻冬舎）など著書多数。

◎参考文献

平川彰『インド・中国・日本　仏教通史』春秋社
中村元監修『新・仏教辞典』誠信書房
中村元訳『ブッダの真理のことば・感興のことば』岩波文庫
中村元訳『ブッダのことば――スッタニパータ』岩波文庫
奈良康明『ブッダの詩　知恵と慈悲のかたち』NHK出版生活人新書
渡辺照宏編『最澄・空海　日本の仏教思想』筑摩書房
藤巻一保『空海の本』（NSMブックスエソテリカ）学研
石田瑞麿訳『親鸞全集』春秋社
紀野一義編『日蓮』（日本の名著8）中央公論社
松濤弘道『仏教名言108の知恵』日本文芸社
早島鏡正監修『仏教・インド思想辞典』春秋社

ブッダなら、僕らの悩みにどう答えるか

2014年9月10日　初版第一刷発行

著者　瓜生　中

発行者　木内洋育

編集担当　熊谷　満

造本装幀　Boogie design

写真　三浦希衣子

発行所　株式会社旬報社

〒112-0015

東京都文京区目白台2-14-13

電話（営業部）03-3943-9911

印刷・製本　中央精版印刷株式会社

ISBN 978-4-8451-1363-7